KB117894

삼국시대,
진실과 반전의 역사

삼국시대, 진실과 반전의 역사

유물과 유적으로 매 순간
다시 쓰는 다이나믹 한국 고대사

서가
명강
12

권오영 지음

서울대학교
국사학과 교수

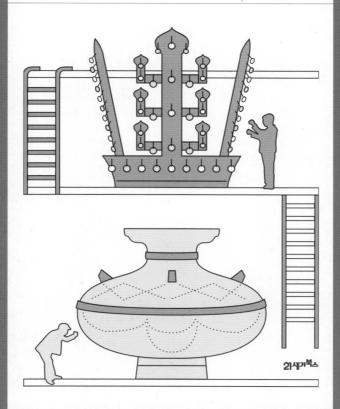

21세기북스

자연과학
自然科學, Natural Science

과학, 수학, 의학, 물리학,
생물학, 화학, 지구과학

사회과학
社會科學, Social Science

경영학, 심리학, 법학, 사회학,
외교학, 경제학, 정치학

공학
工學, Engineering

기계공학, 전기공학,
컴퓨터공학, 재료공학,
건축공학, 산업공학

역사학
歷史學,
History

인문학
人文學, Humanities

언어학, 철학, 종교학,
문학, 고고학, 미학, 역사학

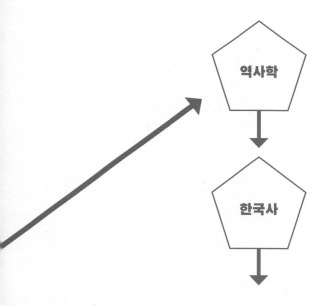

역사학

한국사

한국사란?
韓國史, Korean History

한국사란 한국과 관련된 사료를 평가 및 검증하고 역사적 사실과 관계를 연구하는 것이다. 비판적인 사고를 통해 한국의 역사와 문화를 파악하고 역사의 진실을 추적하면서, 앞으로 한국이 나아갈 방향을 안내하는 것을 목표로 한다. 고대부터 현재에 이르는 시간을 다루고 있으며, 국제 교류의 흔적이 발견되면서 한중일 삼국의 동북아시아에서 더 나아가 유라시아 전체로 연구 영역이 확장되고 있다.

이 책을 읽기 전에 주요 키워드

삼국사기(三國史記)

현존하는 한국의 역사서 중 가장 오래된 것이다. 고구려, 백제, 신라 삼국
의 성립부터 고려 초기까지 약 천 년의 역사를 다루고 있다. 본기 28권, 지
9권, 표 3권, 열전 10권으로 구성되어 있다. 현재 김부식이 집필한 원본은
남아 있지 않으며 필사본 중 일부는 보물 제722호, 국보 제322-1호와 제
322-2호로 지정되어 있다.

삼한(三韓)

삼국시대 이전 한반도 중남부지역에 형성되어 있었던 마한, 진한, 변한을
통틀어 일컫는 말이다. 편의상 셋으로 분류하지만 각각 수십 개의 소국으로
구성되어 있었을 것으로 추정되며, 문헌이 많이 남아 있지 않아 명확하게
밝혀지지 않은 부분이 많다. 이들은 이후 각각 백제, 가야, 신라로 발전하면
서 북쪽의 고구려와 함께 삼국시대의 시작을 알렸다.

가야(加耶)

삼국시대 초중반 한반도 남부에 있었던 여러 국가를 가리키며, 삼한의 하나
였던 변한에서 기원했다. 초기에는 지금의 김해에 터전을 잡은 금관가야가,
후기에는 고령의 대가야가 주도권을 잡았다고 알려져 있다. 가야의 역사는
고구려, 백제, 신라와 겹치지만 사료가 많이 남아 있지 않아 심하게 왜곡된
적이 있다.

임나일본부설(任那日本府說)

고대 일본이 한반도 남부에 있는 임나(가야 지역)에 통치 기구를 두고 백제
와 신라를 간접 통치했다는 주장이다. 일본의 정사서 『일본서기』를 바탕으
로 전개되면서 한일 역사학계에서 오랜 기간 논란이 되었다가, 가야 고분군
의 발굴 등으로 유물들이 발견되면서 2010년 한일역사공동연구위원회를
통해 공식적으로 폐기되었다. 고고학적 발굴로 역사 왜곡을 이겨낸 좋은 사
례 중 하나이기도 하다.

고분(古墳)

일반적으로는 옛 무덤을 가리키나 고고학에서는 일정한 형식을 갖춘 한정된 시대의 지배층의 무덤을 말한다. 고분이 모인 것을 고분군이라고 하며, 매장된 각종 껴묻거리(부장품)의 발굴을 통해 과거의 시대상을 파악할 수 있다.

순장 / 후장(殉葬 / 厚葬)

후장은 큰 규모로 후하게 장례를 치르는 것을, 순장은 후장에서 더 나아가 다른 사람도 같이 묻는 것을 말한다. 두 가지 장례 풍습은 한국 고대의 장례 문화를 대표함과 동시에 고대 계급 사회의 시대상과 고대인들이 사후 세계를 어떻게 인식하고 있었는 지를 보여준다.

수도유적(首都遺蹟)

국가의 중앙 정부가 자리 잡은 수도의 유적으로, 중앙인과 지방인의 차이가 컸던 고대 국가의 심장 역할을 했다. 이 책에서는 보통 왕성, 왕경, 도성 등을 모두 포함하는 의미로 사용한다.

위례성(慰禮城)

백제 왕조의 수도유적으로, 기원전 18년 온조왕에서부터 475년 문주왕이 웅진으로 천도하기까지 492년간 백제의 왕성으로 전해진다. 풍납토성 발굴 전까지 다양한 견해가 난립했으나 1997년 풍납토성이 발굴되면서 지금은 풍납토성 혹은 몽촌토성이 하남 위례성이라는 설이 유력해졌다.

실크로드(Silk road)

비단길이라고도 하며, 중국과 유럽을 연결해 동서 간의 활발한 왕래를 이끌었던 무역로를 말한다. 경로에 따라 초원길, 오아시스와 사막길 등 다양한 종류가 있으며, 고대 한국이 이 길을 통해 동북아시아를 넘어 서아시아까지 교류했다는 자료들이 발굴되고 있다.

차례

1부 유물과 유적, 삼국시대의 타임캡슐을 열다

2부 무덤과 인골, 고대인이 말을 걸다

"한국 고대사를 연구하는 연구자는 한국이란 틀 안에만 갇혀 있어서는 안 된다. 역사학자는 민족사를 넘어서 인류 공동의 역사 연구에 앞장서야 한다."

이제는 역사를 새롭게 바라봐야 할 때

고대사는 그 불확실성으로 인해 사람들의 상상력을 자극한다. 신화와 전설이 역사적인 사실과 뒤섞이면서 때로는 장대한 판타지 소설의 소재가 되기도 하고, 시청자들의 사랑을 받는 사극으로 변모하기도 한다. 그 누구도 객관적인 진실을 확신하기 어렵다는 이유로 많은 사람들이 수수께끼 풀 듯 고대사의 수많은 주제에 도전한다. 특히 문헌 자료가 부족한 초기 고대사, 이른바 상고사는 전문 연구자만이 아니라 역사에 관심이 많은 일반 시민들이 수많은 설을 자유롭게 주장하는 백가쟁명의 장이기도 하다. 수십 년간 전문적인 훈련을 받은 연구자나 종교적 신념에 사로잡힌 유튜버가 등가로 취급받는 분야이기도 하다.

사료가 풍부한 덕에 객관적인 사건의 존재 여부에 대한 의구심이 없는 근현대사에서는 있을 수 없는 현상이다. 예를 들어 경주에 있는 수많은 무덤이 실은 신라와 무관하다거나, 공주의 무령왕릉에 무령왕이 묻혀 있지 않다는 주장, 삼국은 한반도 내부가 아니라 중국 대륙에 있었다는 주장이 버젓이 돌아다닌다. 심지어 세계 4대 문명이 모두 한민족에서 유래했다거나 신라의 위치가 아메리카 대륙에 있었다는 기기묘묘한 주장을 접하게 되면 억장이 무너지곤 한다.

'객관적 자료에 기초한 합리적 추론'이라는 고대사 연구의 기본 원칙이 완전히 무시된 난폭한 주장이지만 민족주의 사관이라는 이름만으로 면죄부를 받고, 이러한 폭거에 대한 비판은 식민사학자의 커밍아웃으로 치부되는 것이 현실이다. 세계 학계에서 우스갯거리로 취급될 것이 분명한 주장들이 국내에서 열광적으로 갈채를 받는 현실이 분명 정상은 아니다. '민족주의'라는 한마디로 면죄부를 받을 수는 없다. 자료가 부족하다는 이유로 상상의 나래를 펼 수 있는 것이 아니라 더욱 엄격한 논리가 요구된다. 이런 의미에서 역사학은 인문학임과 동시에 과학이다. 고대 한국의 국가들을 한반도 바깥으로 옮기려는 시도는 대륙사관이라는 용어로 미화되지만, 실은 반도에 대한 지독한 열등감의 발로다. 이야말로 식민사학의 핵심 주장 중의 하나인 반도성론의 부활이다. 한반도 서남부에 왜가 있었다는 주장, 일본의 천황가가 백제계 일색이라는 주장, 에가미 나미오의 기마민족설을 신봉하여 가야와 왜의 지배층이 일가라는 주장은 일선동조론과 그대로 맥이 통한다. 민족주의 역사가를 칭하는 일부 선동가들과 여기에 열광하는 대중들 모두 그토록 증오하는 식민사학에 사로잡혀 있는 셈이다.

수많은 고대사 연구자들이 나름대로 헌신적으로 연구를 추진하고 있으나 왜 대중들은 그들의 연구에 만족하지 못할까? 연구자들이 역사에 목말라 하는 대중들의 갈증을 제대로 풀어주지 못하기 때문이다. 고대사학계에서 연구가 활발히 진행된 주제와 대중이 알고 싶은 주제가 상이한 경우가 대부분이다. 예를 들어 한국 고대사학계에서 가장 많은 연구가 이루어진 주제는 6~7세기 신라의 정치제도지만, 정작 일반인들은 이 주제에 거의 흥미가 없다. 분야별로 균형 잡힌 연구를 지향하려면 부여나 옥저, 동예, 탐라 등 약자에 대한 연구가 보완되어야 하지만 그럴 기미는 보이지 않는다. 역사에 관심이 많은 대중들의 사랑을 잃은 데에는 역사학자들의 책임도 크다는 점을 인정해야 한다. 특히 세 가지 점에서 문제가 심각하다고 생각한다.

첫째, 폭증하는 새로운 자료를 제대로 정리하고 보급하지 못했다. 매년 지하에서 수만 점의 유물이 출토되면서 과거의 통설이 무너지고 있다. 하지만 새로운 자료를 활용한 역사의 복원에 소홀한 결과, 고대사 해석의 일등 사료인 고고학적 자료가 제대로 활용되지 못하고 있다. 둘째, 역사학 고유의 방법이라는 도그마에 빠져 눈부시게 발전하는 자연과학과 공학, 통계학, 법의학 등 인접 학문의 방법론을 활용한 융복합적 연구에 소홀했다. 대형 고분이나 토성 축조의 과학적 원리를 설명할 수 있는 역사가는 없다. 학제 간 연구가 절실한 시점이다. 셋째, 한반도라는 좁은 공간만을 대상으로 연구와 교육을 전개했다. 그 탓에 한국 고대사회의 특징을 외국의 사례와 비교하여 세계사적 보편성과 한국적 특수성을 설명해내는 비교사적 시각이 크게 부족하다.

필자도 이런 책임론에서 결코 자유롭지 못한 탓에 이 책『삼국시대, 진실과 반전의 역사』를 집필하게 됐다. 한국 고대사 중에서도 남아 있는 사료가 상대적으로 많은 삼국 시대에 집중하면서 유물이나 유적이 발굴될 때마다 반전이 일어나는 연구의 역동성을 독자들에게 소개하고 싶은 마음으로, 또 역사학자로서 독자들에게 용서를 구하고 스스로 마음을 다지는 의미로 원고를 써 내려갔다. 아무쪼록 신화와 전설, 판타지가 아닌 과학으로서 한국 고대사를 바라보는 우리 사회의 인식 전환을 기대해본다.

2020년 8월
권오영

1부

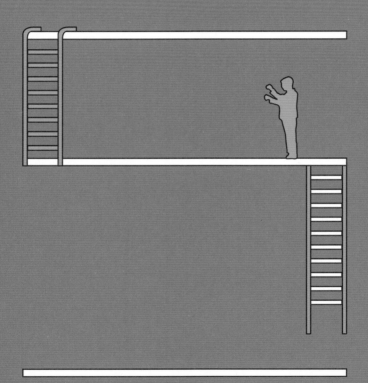

유물과
유적,

삼국시대의
타임캡슐을
열다

한국 고대사학자는 이제 옛 서적만을 뒤적이며 책상에 앉아 고고하게 연구하지 않는다. 오히려 우리가 딛고 선 땅 위, 혹은 땅 아래 남겨진 흔적을 찾아다니며 보물을 캐듯 유물과 유적을 찾아 나선다. 한계가 분명했던 우리 고대사 연구를 가능성의 영역으로 확장시킨 유적과 유물의 가치 그리고 융합연구의 필요성을 함께 살펴보자.

한국 고대사는 아직
끝나지 않았다

불타거나 소실된 역사의 흔적들

사건과 인물에 대한 해석과 평가가 주류를 이루는 근현대사
와 달리 고대사에는 아직 풀리지 않은 비밀이 많이 남아 있
다. 역사적 왜곡이나 이로 인한 국제적 다툼이 잦은 이유는
이 때문이다. 대표적인 예로 현재의 영토 안에서 벌어진 과
거의 모든 역사를 자국 역사로 만들기 위한 중국의 다민족
통일국가론이 있으며, 고대 일본이 한반도 남부를 정치·군
사적으로 지배했다고 주장하는 일본의 남선경영론이 있다.

비단 외부와의 분쟁뿐 아니라 내부에서도 치열한 논쟁이
벌어지곤 한다. 너무 비합리적이라 환상적이기까지 한 역
사 해석을 주장하는 이들과 다투거나, 때로는 권력의 입맛

에 맞게 역사를 왜곡하려는 시도를 발견할 때 역사학자들은 목청을 높인다. 고대사 연구자들의 노력에도 불구하고 이런 사건이 끊이지 않고 일어나는 이유 중의 하나는 터무니없이 부족한 사료의 한계 때문이다.

이런 푸념을 접한 사람들은 『삼국사기三國史記』나 『삼국유사三國遺事』 같은 기록이 남아 있지 않으냐 물을 수 있다. 그러나 여기에서 실제 참고할 내용은 그렇게 많지 않다. 조금 과장하자면 아침 일찍 일어나 맘먹고 읽기 시작하면 저녁 즈음 더는 넘겨볼 책장이 남지 않을 정도다. 게다가 『삼국사기』는 12세기, 『삼국유사』는 13세기에 쓰였으니 삼국이 형성되고 천 년이 더 지난 후에야 작성된 것이다. 그러니 각 책의 저자인 고려시대 유학자나 불교 승려의 역사 인식에 따라 상당 부분 잘려 나가고 왜곡되었을 터. 두 사료 모두 삼국시대의 모습을 제대로 보여주지 못한다는 이야기다.

삼국시대에 작성된 사서들은 대부분 불타거나 실종되었다. 따라서 우리 고대사를 연구하기 위해서는 불가피하게 중국과 일본의 사서들을 참고해야 한다. 그러나 이조차 자국에 유리하게 꾸며진 내용으로 가득하니 역사적 사실로서 온전히 받아들일 수 있는 내용은 한정된다. 그중에서도 8세기 일본에서 쓰인 『고사기古事記』와 『일본서기日本書紀』는 왜곡이 심각하다. 두 책에 의하면 고대부터 일본 천황은 대단히 높은 지위를 누렸고 백제와 신라, 가야 왕들은 천황에게 굽신거리는 낮은 지위에 머물렀다. 이 내용이 사실일 가능성은 희박하다. 그러니 이 책을 이용해서 한국 고대사나 한일관계사를 연구하려면 독이 가득한 알을 제거하고 복어를 섭취하듯 왜곡된 내용을 전부 걸러내야 한다. 그러나 이 일은 쉽지 않다.

금석문과 목간 자료를 통한 연구

다행히 불타거나 소실된 사료 외에 채 발견되지 않은 사료가 남아 있다. 우리가 두 발로 딛고 서는 땅 위 혹은 아래에 말이다. 하나의 사료를 발굴할 때마다 학계는 극적인 순간을 맞이한다. 중진 원로들이 쓴 논문 수십 편이 와르르 무너지는 도미노처럼 힘을 잃을 정도로 정설을 뒤집는 사실들이 드러나기 때문이다.

실례로 고양시 행주산성은 오랫동안 통일신라 때에 쌓은 것이라 알려져 왔으나 발굴조사 결과 그보다 오래전인 7세기 삼국시대로 그 축조 시기가 수정되었다. 유물과 축조 기법을 통해 확인한 것이다. 덕분에 행주산성을 통일신라의 산물이라 주장한 논문은 전부 무용하게 되었다. 이처럼 급변하는 게 고대사이다 보니, 수십 년 전 진실이라 여겼던 역사적 사실을 줄기차게 주장하는 이의 말은 곧이곧대로 믿을 수 없게 되었다. 통설은 계속 무너지고 있다.

땅에서 발굴되는 자료 중 그동안 역사학자들이 가장 많은 관심을 가져왔던 금석문金石文과 목간木簡 두 가지를 살펴보자. 금석문은 쇠붙이나 비석에 새겨진 글자를 일컫는데 충주의 빨래터나 단양의 등산로에서 우연히 발견된 비문이 이에 해당한다. 당시 사람들이 직접 남긴 자료라는 점에서 후대에 기록한 문헌 자료와는 비교할 수 없이 소중하다. 비록 중요한 대목이 닳거나 깨어져서 보이지 않거나, 이해하기 어려운 글자들이라도 고대사 연구의 일 등급 자료임이 분명하다. 1970년대 이후 이런 금석문 자료를 대량 발견하면서 신라의 정치제도사 연구는 비약적으로 발전했다.

때때로 중국 서안이나 낙양에서 발견되는 묘지도 중요한 자료가 된다. 백제와 고구려가 멸망한 후 당나라로 끌려간 수많은 유민 중에서 낙양이나 서안에 묻힌 사람들의 무덤이 가끔 발견되거나 도굴되곤 하는데, 이렇게 빛을 본 묘지에는 무덤 주인공이 백제와 고구려의 왕족이나 귀족이었음을 알려주는 기록이 남아 있다. 물론 벼슬과 행적 등 미사여구나 상투적인 글귀만으로 가득한 묘지도 많지만, 백제와 고구려 유민의 역사를 연구하는 데에는 이 또한 중요하다. 최근 새롭게 개척되고 있는 유민사 연구는 이렇게 발견된 묘지에 크게 의존하고 있다. 자국이 멸망한 후 머나먼 중국에 끌려가 기필코 살아남은 사람들의 행적, 고국에서의 활동 내력 등을 차츰 밝혀가면서 한국 고대 유민사 연구는 자리를 잡았다. 그러나 유민들의 묘지는 아주 가끔, 우연히 발견된다. 노력만으로 가능한 일은 아니다.

두 번째로 살펴볼 자료는 중국에서 간독자료라 부르는 목간이다. 목간은 나무에 글씨를 새긴 자료로, 대나무에 붓글씨를 쓴 죽간竹簡과 나무를 깎아 글씨를 쓴 목독木牘을 통칭한다. 최근 우리나라 고대사 연구에 많은 도움을 준 이 목간자료는 중앙이나 지방 하급 관리들의 행정 활동을 기록한 것이 많다. 당시의 언어를 한자로 표기한 것이라는 장점 때문에 고대 한국어 연구 자료로서도 손색이 없는데, 중국과 일본에서는 목간자료를 전문적으로 다루는 연구소와 학회가 있을 정도로 중요하게 여긴다. 아쉽게도 목간의 문자는 시간이 흐르면 희미해지거나 사라져서 과거에는 글자가 뭉개지거나 지

종이가 발명되기 이전 죽간과 함께 문자 기록을 위해 사용하던 목간

워진 자료들은 판독이 불가능했다. 그러나 최근에는 한번 먹을 머금은 나무에는 흔적이 남는다는 원리를 이용해 적외선 촬영을 하면서 눈으로 보이지 않던 문자까지 확인하고 있다.

중국에서는 진나라와 한나라의 법률체계와 집행방식에 관한 목간이 엄청나게 많이 발견되면서 중국 고대사 연구의 방향을 좌지우지할 정도에 이르렀다. 반면 우리나라의 경우 목간자료만으로는 고대사에 얽힌 비밀을 풀기 어렵다. 우선 수량적 한계가 크다. 최근까지 발견된 목간자료의 수를 정확히 파악할 순 없지만, 한국에서 발견한 목간이 대략 400점을 돌파했을 때 중국과 일본은 각각 40만 점 이상을 확보했을 정도다. 우리나라에서도 최근 출토되는 목간 수가 증가하는 추세여서 앞으로 그 수가 폭등하기를 기대해보지만 간극을 메우기에 역부족이다. 게다가 중국의 목간은 대부분 후한대, 즉 종이 발견 전에 쓰이던 것들로 문서 본연의 기능을 담당했는데, 우리의 경우는 대개 6세기이후, 일본은 7세기 이후 것들로 이미 종이가 각종 문서와 서적의 재료로 사용되던 시점이다. 한국과 일본의 고대 목간은 최종 문서 완성 전 메모장 정도의 기능을 담당했던 것이기에 내용상 한계가 크다. 그러니 중국처럼 목간만으로 온전하게 고대의 법률체계와 지배구조를 이해할 수는 없다.

유물과 유적, 땅에서 나오는 빅데이터

땅에 누워 입을 벌리고 떨어지는 사과를 기다릴 수만은 없는 것처럼 가끔, 우연히 발견되는 금석문과 목간만을 기다리고 있을 수는 없다. 반면 땅속에서 발견되는 매장문화재, 즉 발굴되는 실물 자료는 매년 기하급수적으로 증가하는 추세다. 조금 힘들더라도 쏟아지는 고고학적 물질자료에 눈을 돌려 보석을 캐내야 하는 이유가 여기에 있다.

필자의 학부 시절에는 발굴조사 현장을 한 곳도 빼놓지 않고 방문할 수 있었다. 1년 동안 전국에서 진행되는 고고학적 발굴조사의 총 건수가 10건이 채 되지 않았기 때문이다. 그러나 현재 대한민국 영토 내에서 이루어지는 발굴조사는 매년 적게는 1500건, 많으면 1800건 정도이다. 국토 곳곳에서 건설과 토목 공사를 왕성하게 진행하는 상황이 빚어낸 현상이다. 물론 이 과정에서 엄청나게 빠른 속도로 유적이 파괴된다는 아쉬움이 있으나, 세계적으로 이처럼 활발하게 고고학 발굴조사가 이루어지는 나라는 드물다.

예전에는 발굴조사라는 것이 일주일 정도의 기간, 길어야 한 달 정도 진행되는 것이 고작이었지만 요즘은 보통 90일, 긴 경우는 1년이 넘는 기간 동안 발굴조사를 한다. 투입하는 인원수도 50명을 넘는 경우가 다반사이고, 중장비 여럿을 동원할 정도로 규모가 어마어마하다. 그만큼 빠른 속도로 토기, 기와, 철기, 목기 등이 쏟아져 나오는데 우리는 이것을 '남겨진 물건'이라 해서 유물이라 부른다. 유물이 묻혀 있던 무덤이나 집 자리, 토기나 기와를 굽던 가마 같은 구조물들은 유구라 부르며, 유구와 유물이 묻혀 있는 공간은 유적이라 부른다. 현행법률상 유적을 발굴하면

2년 이내에 반드시 정식 보고서를 발간해야 하는데, 어떤 경우는 한 권으로도 충분하지만 어떤 경우는 유적 한 군데를 조사한 후 기록한 내용이 보고서 10권 분량을 훌쩍 넘기는 경우도 있다. 매년 엄청나게 많은 자료가 쏟아지는 셈이다.

그러니 이 자료를 활용하지 않는 것은 무책임한 행위이다. 나는 고대사 연구자들이 땅에서 나오는 이 빅데이터를 어떻게 활용하느냐에 따라 미래 한국 고대사 연구의 성패가 달렸다고 생각한다.

과거에는 땅에서 출토되는 유물을 고고학의 전유물이라 여겼다. 그러나 같은 식자재도 요리사에 따라 다양하게 활용되듯이, 발굴조사를 거쳐 발견된 유물은 미술사학자에게는 미술품으로, 건축학자에게는 건축사의 증거물로, 고고학자에게는 문화 복원을 위한 유물로, 역사학자에게는 역사 규명의 사료로 여겨진다. 학문간 경계가 모두 무너진 시대에 살면서 유물을 고고학 자료라고만 여기며 도외시할 수는 없는 것이다. '깊게 파려면 넓게 파라'는 말처럼 역사학 중에서도 문헌 사료가 가장 부족한 고대사 연구를 위해서라면 고고학적 발굴조사를 통해 생산된 빅데이터의 활용에 승부를 걸어야 한다.

역사를 바꾼
극적인 발굴의 순간

사로국 역사의 비밀을 푼 최초의 발견

오늘날 진행 중인 고대사 연구 중 국가 형성사는 큰 비중을 차지하는데 『삼국사기』에 기록된 삼국 형성 시기를 액면 그대로 믿는 전문 연구자는 거의 없다. 물론 금과옥조 마냥 이 기록을 그대로 믿던 시기도 있었지만, 이제는 옛이야기에 불과하다. 통념을 전복시키는 위대한 발견이 이어지고 있기 때문이다. 지금부터는 삼국의 국가 형성 연구를 도운 고고학적 발견을 하나씩 살펴보겠다.

첫 번째는 신라의 어린 시절이라 할 수 있는 사로국 연구의 시발점, 경주 조양동 유적이다. 1977년 11월, 경주의 농부 한 분이 부엌을 고치다 이상한 물건을 발견했다. 그

어르신은 물건의 쓰임새가 궁금해 전문가들이 모여 있는 국립경주박물관을 찾아갔다. 그런데 그곳에도 이 물건이 처음 보는 토기라는 것 외에 다른 정보를 줄 수 있는 사람이 없었다. 국립경주박물관의 학예사들은 새로운 토기의 정체를 규명하기 위해 어르신의 부엌 터와 그 주변을 발굴하기 시작했다. 조양동 유적이라는 위대한 발견은 이렇게 이루어졌다. 처음 조사한 무덤은 어르신의 이름을 따서 '조양동 김문환댁 목곽묘'라는 이름을 얻었다.

1979년부터 1983년까지 총 다섯 차례에 걸쳐 조양동 유적을 발굴했고, 그 결과 수많은 유물이 모습을 드러내 초기 신라 문화의 베일을 벗기는 데 공헌했다. 경주 평야에서 발전한 거대한 무덤과 금관, 단단한 회청색 토기는 기원후 4~5세기에 등장한 것인데 그 이전 시기의 초기 물질문화는 조양동에서 처음 발견된 것이다.

김문환 어르신이 처음 발견한 토기들은 기원전 1세기부터 기원후 3세기까지 사용하던 것이다. 이 토기는 회색을 띠며 질이 물러 물속에 넣으면 카스텔라처럼 풀어져 버릴 정도이다. 이를 와질토기라고 부르는 한편 경주 평야 대형 고분에서 발견되는 단단한 토기는 도질토기라고 불러

와질토기와 구분했다. 와질토기에서 도질토기로의 발전은 조양동 문화에서 경주 평야의 대규모 고분 문화로의 전환을 의미하고, 이는 곧 미성숙한 사로국에서 고대 국가 신라로 전환하는 과정을 압축해서 보여주는 증거다. 이 발굴을 계기로 신라 초기의 역사는 새로 쓰인다.

『삼국사기』「신라본기」혁거세조에는 "이(혁거세의 즉위)에 앞서 (고)조선 유민들이 산과 골짜기에 나뉘어 살면서 육촌을 이루었다"는 수수께끼 같은 기사가 있다. 신라사를 설명하는 데 난데없이 등장한 이 기사의 의미는 조양동 유적 발굴과 함께 풀렸다. 조양동에서 발견한 사로국 물질문화는 평양 일대의 고조선, 즉 위만조선의 문화와 유사한 면이 많았다. 위만조선이 멸망한 기원전 108년 이후 그곳의 주민들은 사방으로 흩어졌고, 그중 일부가 경주를 비롯한 경상도 각지에 정착한 것이다. 조양동 유적 발견 이후 대구, 경산, 영천 등 경상도 각지에서 비슷한 성격의 유적들이 많이 발견됐는데 이들에서도 위만 조선계 문화의 영향이 드러났다. 자연스럽게 사로국 성립과 발전 과정에 대한 연구가 이어졌다.

조양동 발굴 이후 경주에서 유사한 무덤이 여럿 발견됐

다. 경주 탑동에서 발견된 무덤 역시 사로국 지배자의 것으로서 신라 초기 물질문화를 대변한다. 기다란 구덩이를 파고 평면 'ㅍ'자 모양의 목관을 안치한 뒤 그 안에 시신을 모셨다. 여기에서 발견된 유물 중에는 호랑이 모양의 허리띠 버클을 비롯해 북방적 요소를 담은 것이 많다. 경주 사라리 130호 무덤 역시 목관에 시신을 모신 구조인데 청동기 51점, 철기 116점, 토기 9점, 유리 목걸이 1세트 등 엄청나게 많은 유물이 발견되었다. 시선을 끈 것은 칠기 칼집에 넣은 청동검과 철검, 청동제 팔찌와 호랑이 모양 버클, 쇠솥 등이다. 버클과 쇠솥은 북방에 기원을 둔 유물로 경주의 초기 지배자들이 지속해서 북방의 세력들과 교류했던 흔적을 보여준다. 이 무덤의 연대는 기원후 2세기 무렵으로 사로국 발전 수준을 가늠하는 일 등급 자료라 평가할 수 있다.

변한과 마한의 실체를 밝힌 유적지들

1970년대 조양동 유적 발견으로 사로국과 진한의 역사가 규명되기 시작했다면 1980년대는 변한과 마한의 시대라고 할 만하다. 창원 다호리 유적과 천안 청당동 유적이 연이어 발견된 것이다.

철새 도래지인 주남저수지에 인접한 창원 진영의 다호리 유적 역시 우연한 기회에 발견되었다. 다호리 구릉에는 진영 단감을 재배하는 과수원이 넓게 펼쳐져 있는데 이곳에서 도굴꾼들이 가야 고분을 도굴하다 마침내 논바닥을 파헤치기에 이르렀다. 그런데 논바닥 밑에서 무덤과 함께 정체를 알 수 없는 유물이 쏟아져 나온 것이다. 경상도 각지의 가야 고분을 숱하게 파헤친 도굴꾼들이었지만 이 무덤에서 발견한 유물들만은 도무지 정체를 알 수 없었고 그렇기에 가격을 책정하는 데도 어려움이 뒤따랐다. 구입하려는 사람도 선뜻 나서지 않아 애를 먹었는데 한참을 고생하다 결국 검찰에 적발되고 말았다. 청동제 거울과 검, 철제 검 등 압수한 물건들은 비록 도굴꾼의 손을 탔지만 예사롭지 않았다. 국립중앙박물관은 정식 학술조사에 착수했다.

1988년 초, 추운 겨울 날씨에 현장에 도착한 발굴단은 도굴꾼이 자백한 논 바닥에서 파헤쳐진 흔적을 찾아냈다. 정리와 조사를 병행하며 깊이 내려가자 땅을 깊숙이 파서 만든 구덩이 안에 큰 통나무 목관이 남아 있었는데, 2000년 전에 만든 것이라고 믿기 어려울 정도로 보존 상태가 좋았다. 공교롭게도 나무가 썩지 않고 잘 보존될 만큼의 공기와 습기가 조성됐던 것이다. 하지만 목관 뚜껑은 도굴꾼이 사용한 전기톱에 잘려 나갔고 내부는 깨끗하게 비어 있었다. 발굴단은 실망을 금할 수 없었으나 목관 자체도 진귀한 유물이라 판단했고 크레인을 이용해 목관을 들어 냈다. 행운이 따랐던 걸까. 목관 바닥에서 기적처럼 보물 상자가 나타났다.

도굴꾼들이 미처 발견하지 못한 대나무 상자 안에는 진귀한 물건이 빼곡하게 차 있었다. 중국에서 만든 거울, 일본에서 만든 청동 창, 현지에서 제작한 각종 칠기류 등 중요하지 않은 유물은 하나도 없었는데 그중에서도 짐승의 털로 만든 붓이 가장 눈길을 끌었다. 이 붓은 요즘 사용하는 붓과 달리 양쪽에 털이 달려 있고, 붓대 가운데에 구멍을 뚫고 끈을 꿰어, 사용하지 않을 때 걸어 놓도록 고안한 것이다. 붓을 사용했다는 건 곧 이 집단이 문자를 사용했다는 말로, 중국과 한반도 그리고 일본 열도를 잇는 해상교통의 중심지 창원에서 물건의 입, 출고를 기록하기 위해 이 붓을 사용했을 거라 추정할 수 있다. 함께 발견된 손칼은 나뭇조각에 적은 내용을 지우개로 지우듯이 깎아낼 때 사용한 것으로 밝혀졌다. 크고 작은 청동 고리들은 무게를 달던 저울에 사용한 것으로 추정된다.

이로 인해 기원전 1세기 무렵 한반도 남해안에는 원거리 국제 교섭을 관장하던 세력이 있었고, 엄청난 부를 독점하던 지배자가 있었다는 사실이 밝혀졌다. 『삼국사기』나 『삼국지三國志』 등의 사료에는 전혀 그 모습이 드러나지 않았지만, 이 세력은 변한의 구성분자로서 훗날 가야로 발전한다. 도굴꾼에 의해 처참하게 파헤쳐진 무덤이 변한과 가야의 역사를 밝히는 일 등급 자료로 변모한 것이다.

필자는 바로 그해 9월 1일, 국립중앙박물관 고고부 학예연구사로 발령받았다. 당시 고고부 선배들은 수시로 회의를 열고 홀연히 어디론가 출장을 떠나면서도 나에게는 아무런 정보를 주지 않았는데, 후에 그들이 다호리 발굴팀으로서 2차 발굴조사를 준비하고 있었음을 알았다. 반면 나는 다호리 발굴팀이 아닌 중부지역 연구팀에 속했다. 조사 대상이 정해지지 않아 어디의 어떤 유적을 조사할 것인지 찾아 헤매는 것이 나에게 주어진 첫 번째 임무였다. 처음에는 경기도 여주와 강원도 원주의 무덤을 조사하려고 계획했으나 여러 사정이 여의치 않자 작전을 바꿨다. 결국 충남

창원 다호리에서 발견된 목관(위쪽)과 부장품을 담았던 대나무 바구니
(가운데). 발굴된 각종 토기의 사진(아래쪽)

천안의 청당동 유적을 조사하기로 한 후 1990년 초여름, 마침내 유적 발굴조사의 첫 삽을 떴다.

백제 왕족과 귀족들이 묻혀 있는 서울 송파구 석촌동 고분군은 4~5세기 무렵에 형성되었다. 문제는 3세기 이전 경기, 충청, 전라 지역의 묘제가 오리무중이란 점이었다. 국립중앙박물관 조사단은 청당동 유적 조사로 이 수수께끼를 풀고자 했다. 나지막한 구릉 위에 자리한 젖소 목장에서 무덤을 찾아야 했기에, 소똥을 치워가며 발굴조사에 임했다. 첫해에 무덤 두 기를, 그 다음해에야 제대로 무리를 이룬 무덤떼를 찾을 수 있었다. 조양동이나 다호리의 무덤과 생김새는 비슷했지만 결정적으로 무덤 주변에 눈썹 모양의 도랑(주구)을 둘렀다는 데 차이가 있었고, 이후부터 이런 모양의 무덤에는 주구토광묘라는 학술명을 붙였다. 5호묘라 칭한 무덤에서 말 모양의 청동 허리띠 버클 11개가 가죽띠 위에 부착된 채로 발견되었고, 주변에는 좁쌀만 한 형형색색의 유리구슬 6000여 점이 흩어져 있었다. 흙과 뒤범벅이 되어 있는 유리구슬을 한 점도 놓치지 않고 수습하기 위해서는 꽃삽이나 대칼보다 훨씬 작은 도구가 필요했고 결국 나무젓가락과 이쑤시개가 동원되었다. 파손 없이 흙 알갱이를 섬세하게 제거하느라 이만저만 고생한 게 아니었으나 청당동 유적은 3~4세기 마한의 무덤이 어떤 형태였는지를 낱낱이 보여주었다. 이후 경기, 충청, 전라지역 곳곳에서 청당동 유적과 유사한 형태의 주구토광묘가 속속 발견되면서 고대 국가 백제가 성장하기 전에 발전했던 마한 문화의 실체를 규명할 수 있었다.

경주의 조양동, 창원의 다호리, 천안의 청당동 유적은 삼국시대 초기사를 밝히는 데 아주 중요한 유적들이다. 당연히 교과서에서 다뤄져야만 하는 사례이며, 이를 통해 새롭게 밝혀낸 사실들을 널리 알릴 수 있길 기대한다.

고대 정치사만큼 중요한 생활사

현재 한국 고대사 연구자들이 가장 관심을 기울이는 주제는 단연 고대 국가 형성사이고, 그다음은 삼국시대의 지배구조다. 반면 생활사 연구에 뛰어드는 이는 많지 않다. 박물관에서 시민을 대상으로 개최하는 고대사 관련 강좌를 듣노라면 금세 따분함을 느끼는 이유가 여기에 있다. 고대사라 하면 온통 정치사나 제도사 이야기뿐이고, 고고학은 토기의 형식 분류와 연대 추정을 소개하는 경우가 대부분이기 때문이다.

연구자들은 여전히 땅속에서 찾아낸 빅데이터 활용에 어려움을 느낀다. 그래서 생활사 연구를 꺼려한다. 고고학 자료는 금석문이나 목간처럼 요리하기 좋은 재료가 아니기에 연구자는 자료가 충분히 말을 하도록 자꾸 대화를 걸고 흔들어 깨워야 하는데 그것에 어려움을 느끼는 것이다.

그러나 고고학적 자료를 잘 활용하면 고대 사회의 다양한 면모를 살펴볼 수 있는데, 일찍이 일본 학계는 이런 연구에 착수했다. 한 예로 규슈의 야요이 문화를 보여주는 박물관에는 정수리 부분을 둔기로 맞은 사람의 두개골이 전시되어 있다. 머리에 청동 화살촉이 박혀 있는 두개골도 전시되었는데, 화살촉 주변에 푸른 녹이 선명하게 남아 있는 것을 눈으로 확인할 수 있는데 상처 부위에 봉합된 흔적이 있는 걸 보아 즉사하지는 않았을 것이라 추정된다. 한편 목이 잘린 채 매장된 사람의 모습을 마네킹으로 만들어 전시하기도 했다. 그 모습이 너무 생생하고 자극적이어서 어린이 관람객이 관람하기에는 적합하지 않다고 판단했는지 몇 년 후 다시 전시관을 찾아갔을 때 그 마네킹은 볼 수 없었다. 어쨌거나 일본 야요이시대 무덤에서는 칼에 베여 대퇴골에 상처가 패인 인골, 척추에 화살촉이 꽂힌 인골이 종종 확인되며 이를 활용해 연구를 추진하고 전시에까지 사용한다. 이런 자료는 우리에게 무엇을 말해줄까? 우선 고대 전쟁의 양상을 확인할 수 있다. 일부 전시 내용이 너무 자극적이기는 하지만, 이런 자료는 무기체제와 병단의 구성, 전쟁의 양상을 엿볼 수 있는 좋은 자료다. 일본에서는 이런 자료를 근거 삼아 규슈의 요시노가리 마을 유적에서 벌어진 전쟁을 애니메이션으로 재현하기도 했다.

일본 야요이시대는 대략 기원전 6세기부터 기원후 3세기에 해당한다. 우리 역사로 치자면 청동기시대부터 초기 철기시대 그리고 삼국시대 초기에 해당하는 시기다. 그 이전은 조몬繩文시대라 하여 우리의 신석기시대와 비슷한 사회였는데 사람을 죽인 흔적은 거의 발견되지 않았다. 그런데 야요이시대로 넘어가면서 갑자기 살인의 흔적이 폭발적으로 증가한다. 이런 변화는 무엇을 말하는 것일까? 야요이 문화는 한반도 남부의 금속기 문화와 쌀농사, 방어용 취락, 전쟁이 세트를 이루어 일본으로 전해진 후 발전한 문화다. 당시 한반도 남부에 살던 사람들은 금속기 문명을 기초로 쌀농사를 지으며 잉여 생산물을 거두는 문화를 영위했다. 한정된 농지와 물을 둘러싼 경쟁이 심해지면서 자연스럽게 갈등과 분쟁이 일어났고, 그것이 증폭되어 전쟁과 살인이 나타났다. 마을을 지키기 위해 각종 방어시설을 설치한 방어취락은 당시 사회가 극도의 긴장 관계에 놓여 있었음을 증명하는 자료다. 쌀농사로 풍요를 누렸지만, 결코 평화롭지는 않았던 금속기 문화는 일본 북부 규슈를 기점으로 일본 열도 곳곳에 급속도로 번져나갔다.

가끔 고대 마을을 조사하다 보면 화재로 전부 불타버린 움집이 발견되는데, 이런 유적을 조사할 때 고고학자는 욕심을 부리게 된다. 당시로써는 큰 불행이었겠지만 이 화재로 가족이 모두 사망했다면 인골을 통해 구성원을 분석할 수 있기 때문이다. 예를 들어 여러 명의 인골이 나왔다면 DNA를 분석해 할아버지와 할머니, 아빠와 엄마 그리고 결혼하지 않은 미혼자녀들의 구성인지, 혹은 혈연적 관련성이 없는 사람들로 구성되었는지 밝힐 수 있다. 문헌 기록으로는 찾아보기 힘든 고대 사회의 가족 내부를 들여다볼 수 있는 것이다.

한편 정치사적으로 국가 형성 과정을 밝히려는 연구자에게도 고고학 자료는 좋은 재료다. 평화롭고 평등한 사회가 전쟁을 거치면서 어떻게 군사를 조직해 나갔는지 추적할 수 있다. 전쟁으로 희생된 사람들의 흔적은 앞으로도 계속 발견될 것이기에 역사적으로 잘 알려진 장소에서 전쟁과 학살의 흔적이 쏟아져 나오는 것은 시간 문제다. 재료는 이미 준비되었다. 문제는 고고학 자료를 활용해 고대사, 특히 생활사를 복원하는 방법론을 몸에 익힌 연구자가 부족하다는 점이다.

무덤이 말해주는 고대의 지배구조

한반도 청동기시대의 대표 유적인 고인돌을 통해서도 당시의 사회구조를 확인할 수 있다. 그런데 먼저 밝혀둘 것이 있다. 고인돌의 원래 모습은 상석이라고 부르는 큰 돌 아래 사면을 돌로 감싼 폐쇄 형태다. 우리가 쉽게 접하는 만화나 교과서 속 고인돌 이미지는 대개 큰 돌(상석)을 두 개의 고임돌(지석)이 받치고 있는 형태인데, 이는 후대에 도굴꾼에 의해 양쪽 돌이 떨어져나간 후의 모습이다.

대개 북한에 남아 있는 거대한 고인돌에는 아무나 묻

히지 않았다. 야산이나 구릉 위에 보란듯이 배치한 고인돌은 자신 혹은 가문의 지위를 자랑할 수 있는 소수만의 차지였다. 반면 남쪽에서 발견되는 고인돌은 대개 크기가 작은 대신 다른 고인돌과 차별을 꾀하기 위해 돌로 묘역을 마련했다. 고인돌에 묻힌 자와 묻히지 못한 자, 대규모 혹은 묘역을 갖춘 고인돌에 묻힌 자와 보통 규모의 고인돌에 묻힌 자 간의 위계가 여실히 드러난다. 흔히 고인돌 시대라 하면 평화롭고도 약간은 미개한 사회를 떠올리겠지만, 실제는 그렇지 않았던 것이다. 이처럼 청동기시대의 고인돌은 있는 자와 없는 자, 가진 자와 못 가진 자의 구분을 의미한다.

청동기시대의 고인돌이 이럴진대 그보다 수백 년 후인 삼국시대에는 어땠을까. 당시의 무덤이 지닌 불평등성은 훨씬 심화한 모습이다. 자신과 가문의 지위를 과시하기 위해 아낌없이 재물을 투자한 결과 무덤 규모는 커지고 내부에는 막대한 양의 호화 부장품을 부장했다. 경상남도 합천군 쌍책면 옥전이라는 곳에서 발견된 다라국 왕릉이 대표적인 예다. 다라국은 가야 여러 나라 중 하나로 기록이 거의 남아 있지 않아 수수께끼와 같았던 왕국이다. 그런데 경상대학교 박물관에서 이 유적을 발굴조사하자 보물로 지정할 만큼 호화로운 유물이 대거 발견되었다. 기원후 5~6세기 합천을 무대로 성장했던 다라국의 실체가 여실히 드러났고, 그중 금과 은을 이용해 용과 봉황을 장식한 고리자루칼, 금으로 만든 귀걸이는 예술성을 인정받아 2020년 1월 대한민국 보물로 지정되었다. 고리자루칼 4점은 보물 2042호, 귀걸이 3쌍은 각각 2043, 2044, 2045호로 지정된 것이다. 초호화 장신구와 칼 여러 점을 소유했던 인물은 다라국의 최고 지배자, 즉 왕이 분명하다.

옥전 유적에서 발견된 수많은 무덤 중에는 왕릉급도 있고 그보다 낮은 신분의 것도 있다. 따라서 무덤 규모와 부장품의 수준만 비교해도 다라국의 지배, 신분 구조를 밝힐 수 있다. 이런 양상은 다라국만이 아니라 삼국시대에 보편적으로 나타나는 현상이다. 초대형 무덤들은 5세기 즈음 성행하더니 6세기에 이르러 점점 축소되고 유물 부장량도 줄어들었다. '율령에 의한 지배'가 본격화되며 나타난 변화다. 결국 율령 지배 이전의 무덤은 사람의 등급을 매기며 지배구조를 표현하는 장치로 활용되었던 것이다.

무덤에서 나오는 무기와 마구는 당시의 군사조직과 전

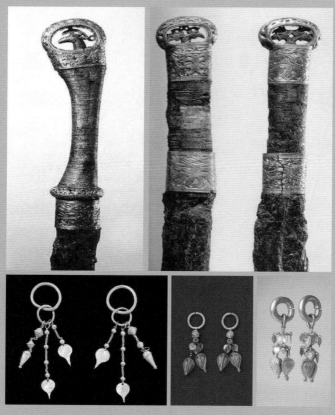

합천 옥전에서 발굴된 고리자루칼(위쪽, 보물 제2042호)과 금귀걸이들(아래쪽, 각 각 보물 제2043호, 제2044호, 제2045호)

쟁방식을 대변한다. 부산 동래구 복천동 고분군에서 처음 발견된 쇠로 만든 말 투구는 4세기 중엽 고구려 고분인 안악 3호분의 벽화를 떠올리게 한다. 기수만이 아니라 말까지 온통 갑옷과 투구로 무장하고 있는 그림으로, 중장기병을 표현한 것이며 비유하자면 현대의 탱크부대와 같다. 긴 창을 들고 말의 돌파력으로 적진을 붕괴시킨 후 보병들이 들이닥쳐 뒷마무리하는 탱크부대의 전술로 동북아시아 최강자로 우뚝 선 이가 바로 광개토대왕이다.

복천동의 말투구는 고구려의 중장기병 전술이 가야지역까지 퍼졌음을 보여준다. 한편 적진을 돌파할 때 말을 보호하기 위해서는 투구와 갑옷이 모두 필요하다. 그래서 등장한 것이 말갑옷이다. 몸의 움직임을 원활하게 하기 위해 수백 개의 얇은 철판을 생선 비늘처럼 엮어 만든 말갑옷 역시 고구려 고분 벽화에서 볼 수 있으며, 가야 무덤에서 실물로 자주 출토된다. 말투구와 말갑옷을 만들기 위해서는 말의 몸에 딱 맞게 철판을 붙이고 조립하는 고난도의 기술이 필요하기에 당시 철기문화가 높은 수준에 이르렀음을 알 수 있다.

이렇듯 고대인들의 무덤에서 출토되는 말투구와 말갑

옷을 통해 중장기병의 전술과 철기문화의 수준을 짐작할 수 있다. 이런 유물을 부장한 무덤에는 당시 사회에서 가장 신분이 높았던 자만이 묻힐 수 있었으므로 위계의 차이도 엿볼 수 있다.

빛바랜 유산에서
빛나는 진실을 찾아내다

임나일본부설의 왜곡과 종결

한국이 일제의 식민지로 전락했던 일제강점기에 일본은 역사 왜곡을 행했고, 왜곡이 가장 심하게 이루어진 분야는 가야사다. 『삼국유사』「가락국기」에 아주 조금 언급된 내용을 제외하면 가야에 관한 국내외 문헌 자료는 거의 없다고 해도 과언이 아닌데, 일제 관학자들이 취약한 부분을 비집고 들어와 역사를 심하게 왜곡했다. 그때 만들어진 논리가 임나일본부설이다.

　임나는 가야를 지칭하는 여러 이름 중 하나로, 임나일본부설이란 일본의 야마토 왕권이 3세기 혹은 4세기 무렵 가야지역에 직접 통치기구를 두고 백제와 신라를 간접 통치했다는 주장이다. 야마토 왕권은 한반도 전체의 패권을 두고 북쪽 최강자인 고구려와 여러 차례 대결했으며, 초반에는 팽팽하게 접전했지만 562년 마침내 패배하면서 어쩔 수 없이 한반도에서 철수했다는 것이다. 562년은 가야의 형님뻘인 고령의 대가야가 멸망한 해인데, 임나일본부설을 주장하는 일제 관학자들은 대가야의 멸망을 임나일본부의 최후라고 왜곡했다. 야마토 정권은 한반도 통치에 역사적 연고권이 있기 때문에 663년 백강전투에 참전해 당, 신라군과 싸웠고, 후에 임진왜란과 청일전쟁을 벌였다고 주장했다. 이런 논리로 근대에 한반도를 식민통치한 것은 역사의 필연이라고 주장했다.

『일본서기』에는 이 황당무계한 임나일본부설과 관련된 전승이 기록돼 있다. 큰 줄기만 정리해보자면 중애천황의 부인인 신공황후가 남편이 죽은 후 섭정을 하다가 '황금이 가득한 나라'를 침범하기 위해 대규모 군대를 이끌고 바다를 건너 한반도 남부를 쳤다. 그때 신공황후는 만삭의 몸이었는데, 돌을 가져다 배에 묶고 고통을 참으며 "나는 신라를 쳐부수고 돌아와서 아이를 낳겠다"고 선언했다 한다. 그녀는 순식간에 신라를 쳐부순 후 가야 지역에 있는 일곱 개의 나라를 평정하고 전라도 지역을 백제에 주었다. 20세기 전반 군국주의 일본은 『일본서기』에 기초해 임나일본부설을 강요했으며, 식민지 조선의 학생들은 왜곡된 이 학설을 주입받았다. 일제가 패퇴한 후에도 임나일본부설은 완전히 불식되지 않았다. 오히려 1949년 스에마츠 야스카즈末松保和라는 학자에 의해 『임나흥망사』라는 책의 형태로 정리되었다. 이 책에 의하면 경상도와 전라도, 충청도는 모두 임나일본부가 통치했던 구역에 속한다.

패전 이후 『일본서기』의 사료적 가치를 의심하는 연구 성과가 연속적으로 발표되자 일본 학자들은 자신들의 학설을 입증하는 근거로 다른 나라의 자료를 사용하기 시작했다. 그중 하나가 중국 남북조시대 남조 국가 중 하나인 송의 역사서 『송서』인데, 이 책에는 일본의 입맛에 맞는 기사가 실려 있다. 5세기 다섯 명의 왜왕이 차례로 송나라에 사신을 보내 벼슬을 청했는데 내용 중 백제, 신라, 가야의 군사권을 인정해달라는 요청이 포함되어 있었다는 것이다. 이 황당무계한 내용 외에도 고구려 장수왕이 부왕의 업적을 칭송하기 위해 세운 광개토대왕 비문도 악용되었다. 1800여 글자 중 신묘년 조 기사를 왜곡하여 "왜가 신묘년

(391년) 이래 바다를 건너와 백제, 가야, 신라를 공격하고 신민으로 삼았다"라고 해석한 것이다. 이렇게 고구려인이 남긴 기념비에도 "왜가 4세기부터 한반도 남부를 직·간접 지배했다"라는 내용이 있다고 주장했다. 그뿐 아니라 일본 나라현의 이소노카미^{石上} 신궁에 보관된 칠지도 칼에 새겨진 명문을 왜곡 해석해 백제 왕세자가 왜왕에게 바친 물건으로 탈바꿈시켰다. 우리로서는 식민사학의 핵심인 임나일본부설을 반박할 근거가 필요했다. 그러나 우리 학자들의 고군분투에도 불구하고 임나일본부설을 완전히 극복하는 데 어려움이 있었고, 일본 우익의 기세도 쉽사리 꺾이지 않았다.

다행히도 땅속에서 더 이상 임나일본부설을 주장하지 못하도록 할 만한 보물들이 발견됐다. 김해 대성동 발굴조사를 진행하던 젊은 연구자들이 쾌거를 이룬 것이다. 대성동 구릉에는 3~5세기에 만든 무덤이 빼곡하게 자리해 있다. 그중 버스 크기 정도의 무덤은 도굴 당한 후인데도 불구하고 어마어마한 양의 유물을 품고 있었다. 여기에서 출토된 금관가야의 유물들은 같은 시기 일본의 것을 압도할 정도의 기술력을 보여주는데, 대표적인 예로 철제 비늘 갑옷을 들 수 있다. 4~5세기 무렵 일본에서도 쇠판으로 만든 갑옷을 많이 사용했지만, 대성동을 비롯한 가야 무덤에서 발견한 갑옷들은 그보다 훨씬 발전된 개량 기술로 만든 것이다. 이외에도 기마전에서 사용한 재갈, 발걸이 등 마구류와 철제 무기류는 일본을 압도하는 양과 기술을 보여주었다. 결론적으로 갑옷, 마구, 무기 제조술에서 나타난 우열의 차이를 감안한다면 왜가 군사적 우위로 가야를 지배했다는 임나일본부설은 도저히 성립할 수 없다.

그런데 대성동 고분군에서는 일본에서 만든 것이 분명해 왜계 유물이라 부르는 것들도 대거 출토됐다. 일본 관학자들이 일제강점기에 임나일본부설을 증명하기 위해 한반도 남부의 가야 무덤을 마구 파헤쳤으나 왜계 유물을 단 한 점도 발견하지 못했던 과거와 상반된 결과다. 당시 그들은 경남 창녕의 교동 고분군에서 많은 양의 유물을 발견했는데 이를 서울로 운반할 때 열차 화차 두 대와 마차 7대를 동원했다 한다. 그러나 그들은 원하던 것을 얻지 못했고 고고학적으로 임나일본부설을 입증하려던 시도는 좌절되었다. 정력적으로 진행한 조사에도 불구하고 일본 출신 장군이 한반도에서 활동했던 모습을 보여주는 자료를 찾지 못했

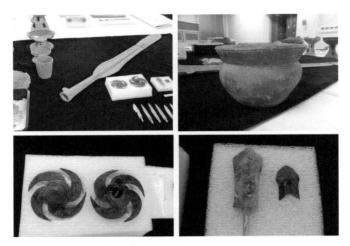

김해 대성동 고분군에서 출토된 왜계 유물들

던 일본은 크게 실망했고, 2차 세계대전 패퇴 후 유물을 총
독부에 고스란히 남겨둔 채 자국으로 떠났다(그 유물들은
지금도 국립중앙박물관 창고에 보관 중이다).

그런데 대성동 고분군에서 일본 학자들이 그토록 갈구
하던 왜계 유물이 여럿 출토된 것이다. 그러나 이번에도 그
들은 만세를 부를 수 없었다. 왜계 유물의 의미는 교류의
상징 정도에 불과하지, 왜의 장수가 한반도 남부를 군사적
으로 지배했다는 사실을 뒷받침할 만한 유물이 결코 아니

었기 때문이다.

대성동 이외에도 한반도 남해안에서는 일본에서 제작했거나 일본의 영향을 받은 왜계 토기가 종종 출토되고 있다. 그렇지만 이 자료를 가지고 임나일본부설을 주장하는 학자는 없다. 가야와 백제, 신라 등 한반도의 주민들이 일본 열도에 건너가 남긴 유물의 양에 비하면 왜인들이 한반도에 남긴 유물은 비교할 수 없을 정도로 적기 때문이다. 반면 일본 열도 곳곳에서 한반도 주민들이 무리를 이루어 건너간 흔적이 엄청나게 많이 발견되었고 그후 문명이 발전하는 양상이 뚜렷하게 드러났다.

대성동 고분이 자리한 김해는 육상과 바다가 교차하는 지역이기에 다양한 지역에서 만든 물품들이 대거 모여들었다. 그중에는 중국 동북의 요령성 지방에서 활동하던 선비족의 물건, 중원지역에서 발견된 물건 외 로만글라스 그릇도 발견됐다. 당시 김해가 오늘날의 부산처럼 국제 교류의 중심지였기에 가능한 발견이다. 앞으로 본격적인 연구를 통해 왜, 어떤 루트를 통해 중국, 일본, 북방, 서역의 귀중품들이 이곳으로 유입되었는지, 역사적 의미는 무엇인지 규명해나갈 전망이다. 어쨌거나 가야 고분의 고고학적 조사와 연구는 임나일본부설을 분쇄하는 일등 공신으로 평가된다. 앞으로는 한 단계 더 나아가 유라시아 차원에서 전개된 원거리 교류에서 가야가 어떤 역할을 했는지 밝힐 것이다.

가야 문명을 규명하는 유일한 길

일본 고분의 외관을 장식하는 용도의 흙인형 하니와埴輪 중에는 철제 갑옷을 입고 칼을 차고 있는 무사를 표현한 것들이 종종 보인다. 그런데 무사의 상징인 갑옷과 칼은 과연 일본 고유의 기술력으로 생산한 것일까? 널찍한 철판을 조립해 만든 판갑옷은 모두 철판을 가죽끈으로 엮는 낡은 기술을 이용해 제작한 것들이다. 이후 개량된 것들은 양쪽에 머리가 달린 리벳Rivet으로 조립하는 기술을 활용해 제작됐는데, 이 기술은 가야에서 일본으로 전래된 것이다. 과거 일본은 철제 갑옷이 많이 출토된 것을 근거로 가야에 대한 왜의 군사적 우위를 주장했다. 하지만 가야 유적을 발굴하기 시작하면서 리벳팅 기술이 발휘된 최첨단 갑옷은 가야가 더 빨리 도입했음이 밝혀졌다.

판갑옷의 기동력은 비늘갑옷보다 현저히 떨어진다. 그

래서 말을 타고 기마전을 벌이는 기마무사는 판갑옷이 아닌 비늘갑옷을 착용한다. 기마전에는 비늘갑옷이 제격이란 셈이다. 고구려 벽화에 등장했던 비늘갑옷과 장창은 기마전의 상징이고 가야 무덤에서 대규모로 출토됐다. 반면 일본에서는 한반도에서 건너간 주민들이 남긴 무덤에서만 종종 비늘갑옷이 출토될 뿐, 왜인들은 보병용 판갑옷을 착용하는 수준에 머물렀다. 각종 마구류와 대도 등의 무기에서도 이러한 차이가 현격히 나타난다.

이처럼 문헌 자료가 부족하거나 심하게 왜곡된 한일관계사, 가야사를 바로잡은 일등 공신은 가야 고분 조사에 몸 바친 젊은 고고학자들이다. 그들 덕분에 문헌 자료로는 상상조차 할 수 없었던 가야 사회의 발전 수준과 역동성이 규명되었다. 이에 힘입어 가야사 연구가 본궤도에 오르면서 종전 삼국시대로 불리던 시대 명칭을 '사국시대'로 정정해야 한다는 주장이 나왔다. 금관가야는 532년, 대가야는 562년에 멸망했고, 백제는 부흥 운동까지 포함해 663년, 고구려는 668년에 멸망했으니 가야는 백제, 고구려와 상당히 긴 시간 공존했다. 따라서 김부식의 『삼국사기』가 명명한 삼국시대론에서 벗어나 당시의 역사를 제대로 조명하자는 이 주장에 일리가 없진 않다.

현재 경상남도, 경상북도, 전라북도 일부 지자체들은 힘을 모아 가야 고분군을 유네스코 세계유산으로 등재시키는 운동을 추진 중이다. 오래전 신라와 고구려의 고분군이 유네스코 세계유산에 등재되었고, 2015년에 백제 유산도 등재에 성공했다. 2019년 일본이 야마토 정권의 왕릉인 오사카의 모즈百舌鳥–후루이츠古市 고분군 등재에 성공했으니, 동북아시아 고대 왕릉 중 가야 왕릉만 빠진 상태이다. 비단 유네스코 세계유산 등재만이 아니라 사라져버린 가야 문명을 규명하는 유일한 길은 유적과 유물 연구에 있다.

황제의 칭호와 역사 왜곡

충남 공주 송산리 고분군 내 백제 무령왕릉에서 왕과 왕비의 묘지 그리고 돌판에 쓴 묘지와 매지권이 발견됐다. 여기서 주목할 것은 "영동대장군 백제 사마왕…"으로 시작하는 묘지에 적힌 '붕崩'이란 한자어다. 일반적으로 천자가 세상을 떠날 경우 '붕'이라 칭하고, 왕이나 제후가 죽으면 '훙薨'이란 단어를 사용한다.

실제로 『삼국사기』에서는 백제, 고구려, 신라 왕들의 죽음을 표현할 때 오로지 '훙'이라는 단어만을 사용했으며 태자는 '세자', 황후는 '왕후'나 '왕비'라는 칭호를 사용했다. 그런데 뜻밖에 무령왕의 묘지에서는 왕의 죽음을 기술하며 '붕'자를 사용한 것이다. 이는 어떤 의미일까? 당시 백제인들은 자신들의 나라를 천자가 다스리는 국가로 인식했음을 알 수 있다. 중국과의 외교적 마찰을 피하고자 외부적으로는 한 등급 낮추어 스스로를 왕이라 칭했지만, 국내에서는 천자라 칭했을 것이라는 이 추측은 고구려와 발해, 고려의 사례에 비추어볼 때 사실일 가능성이 높다.

현재 중국에서는 고구려 광개토대왕을 호태왕이라 부른다. 광개토대왕의 본명은 '국강상광개토지평안호태왕'인데 호칭으로 삼기엔 지나치게 긴 이름이기에 이를 호태왕이라 줄여 부르는 것이다. 호태왕은 '훌륭하신 태왕' 정도로 해석할 수 있으며 태왕은 단순한 미칭이 아니라 '왕 중의 왕', 즉 황제, 천자, 천황과 같은 의미를 지닌다. 중국 길림성 집안시에 있는 태왕릉에서는 '태왕'의 무덤이라 새긴 전돌이 발견되었다. 이 무덤이 실제 광개토대왕의 무덤인가 하는 것은 아직도 논쟁 중이지만 당시 고구려인들이 자국의 왕을 태왕이라고 불렀던 사실의 확실한 증거다. 그런데 태왕은 광개토대왕 한 명만이 아니다. 4~6세기의 고구려 왕들은 모두 대왕이나 태왕으로 불렸다.

발해의 경우도 마찬가지다. 발해의 역사를 전하는 문헌에는 어디에도 이런 사실이 기록되어 있지 않으나 발해 왕족의 무덤에서 새로운 사실이 여럿 발견된 것이다. 중국 길림성 화룡시 용두산 고분군에서 발해 3대 문왕의 넷째 딸인 정효공주의 무덤이 발견되었는데, 무덤 안에 세워진 묘비에서 문왕을 대왕이라 칭한 내용이 확인되었다. 정효공주의 언니인 정혜공주의 무덤은 돈화 육정산 고분군에 있는데, 이 무덤에 세운 묘비에도 자신의 아버지를 대왕이라고 표현했기에 이 단어를 사용한 것은 우연이 아니다. 2004년에는 용두산 정혜공주묘 주변을 조사하다가 3대 문왕의 부인인 효의황후와 9대 간왕의 부인 순목황후의 무덤을 발견했다. 여기에 세운 묘비에서는 왕비가 아닌 황후라는 호칭이 사용됐다. 발해인들이 자국을 황제국가로 인식한 확실한 증거인 셈이다. 하지만 이 귀한 자료의 전모는 발굴조사 이후 여태껏 공개되지 않고 있다. 발해사를 말갈족이 세운 당나라의 지방정권으로 깎아내리려는 중국 당국의 공식 입장과 정면으로 상충하는 자료이기 때문일 것이다. 한국에서 고대사를 연구하는 사람들이 외부적으로 싸워야 하는 이유가 여기에 있다. 고고학적 실물자료 없이 정치적인 의도로 작성된 당시의 문헌 자료로만 역사 연구를 시도한다면 얼마나 큰 왜곡이 이루어질 수 있는지 경고하는 사례이기도 하다.

현재 중국 영토인 광동성 광주는 고대 남월국의 도성이었다. 남월국은 현재의 베트남과 역사적인 맥락이 닿아 있는 왕조인데, 중국의 공식적인 입장으로 보자면 남월국은 발해와 마찬가지로 중국의 지방정권에 불과하다. 1983년에 발견된 남월국 두 번째 왕의 무덤을 '남월왕릉'이 아닌 '남월왕묘'로 낮춰 부르는 것도 이런 이유에서다. 하지만 도굴되지 않은 이 무덤에서는 당시 남월국의 최고 지배자를 왕이 아닌 황제로 칭하였음을 보여주는 분명한 자료가 출토되었다. '문제행새文帝行璽'라는 글자가 또렷이 새겨진 도장이 나온 것이다. 이 무덤의 주인공은 남월을 세운 조타의 손자이면서 두 번째 왕인 '문제'였고, 그를 황제로 칭하였음이 확실해진 것이다. 남월국 황제의 이야기를 통해 결국 우리가 손에 들고 있는 과거의 기록은 크건 작건 모두 왜곡을 피할 수 없었다는 당연한 사실을 새삼 확인한다. '백문

이 불여일견'이 진리이듯이 '백기록이 불여일유물'인 경우
가 자주 있다는 사실을 나는 믿는다.

밥그릇까지 규제한 율령의 고고학

삼국시대의 법령, 즉 율령에 표현된 다양한 물질문화의 양
상을 밝히는 것을 '율령의 고고학'이라 부른다. 이와 관련
해 사비기라 불리는 6세기 전반부터 7세기 후반 백제의 무
덤에 적용된 율령의 고고학을 살펴보자.

　　이 시기 무덤의 평면은 장방형, 단면은 육각형으로 통일
된 구조를 보이는데 이를 능산리형 석실이라고 부른다. 통
계 분석 결과 능산리형 석실은 무덤 주인공의 재력과 권력
에 비례해 돌의 가공 정도와 무덤의 크기를 달리했다. 또
관리들이 머리에 쓰는 관모를 장식한 꽃모양 은장식 유무
도 신분에 따라 달라진다. 『삼국사기』에 따르면 은으로 만
든 꽃으로 모자를 장식할 수 있는 신분은 나솔(6등급 관등)
이상이다. 삼국시대의 율령은 복식만이 아니라 집, 수레,
밥그릇까지 규격화할 만큼 정형화되었다. 따라서 출토된
유물을 율령의 규정과 비교하면 당시 사람들의 신분 구조
를 밝히는 실마리를 얻을 수 있다.

출토된 유물의 종류가 이 물건을 사용하던 사람의 직업이나 신원을 규명해주기도 한다. 예를 들어 벼루가 많이 출토되는 유적은 문서 행정을 담당하던 공무원들이 활동하던 공간, 즉 관공서일 가능성이 높다. 저울추가 많이 발견된 곳은 물자를 보관하고 유통하던 공간, 즉 창고나 시장일 가능성이 높다.

유물은 고대인들의 음식문화를 대변하기도 한다. 발굴조사한 유적에서 가장 많이 발견되는 유물은 토기인데 이를 잘 관찰하면 누룽지나 죽, 뜸 들이다 넘친 밥의 흔적이 고스란히 발견된다. 그리고 이를 통해 식문화의 발전 양상을 확인할 수 있다. 인류가 곡물을 먹기 시작한 초기에는 죽 같은 유동식을 먹었는데, 시루를 발명한 후로는 쌀이나 보리의 모양을 훼손하지 않고 쪄서 먹는 방식으로 발전한다. 유적지에서 시루가 발견되었다면 죽이 아닌 밥을 섭취하던 문화였음을 알 수 있는 것이다.

이런 유추 결과, 한반도와 일본 열도에서 밥을 먹기 시작한 시기는 물론 그 시차까지 확인했다. 4세기 무렵 한반도에서는 이미 시루에 밥을 쪄 먹는 풍습이 일반화되었지만, 일본에서는 그렇지 못했던 것이다. 규슈 북부 후쿠오카

의 일부 마을에서 시루를 이용해 밥을 짓는 문화가 시작됐
는데, 당시 사용한 시루의 모습은 충청, 전라, 경상 지역의
것과 비슷하다. 한반도 남부 주민들이 규슈 북부에 이주,
정착하면서 식문화를 이어간 것이다. 5세기에 접어들자 규
슈 북부를 넘어 나라, 오사카, 교토, 시가 등지에서도 시루
를 사용하는 가구 수가 엄청나게 증가했는데, 그 형태가 규
슈의 경우와 같이 충청도나 전라도 지역의 것을 쏙 빼닮았
다. 이는 백제계 주민들이 일본 열도의 심장부로 대거 이
주, 정착했음을 보여주는 증거다.

　나라奈良현의 난고南鄕유적은 한반도 주민들이 대거 이주
해 일본 사회의 문명화에 크게 공헌한 사실을 입증하는 대
표 사례다. 이 유적을 발굴한 일본의 고고학자들은 한반도
이주민들이 철기와 구슬을 만들고, 말을 키우는 문화를 영
위하며 일본 사회의 문명화에 크게 공헌했음을 밝혔다. 고
대 사회에서 말은 군사력과 정보력, 물류의 수단이었고 고
기와 가죽으로 부를 축적하는 재산이었다. 사실『일본서
기』에는 백제왕이 아직기阿直岐라는 인물을 통해 그전까지는
일본에서 볼 수 없었던 말을 보내주었다는 기사가 남아 있
으나 더 이상의 문헌 자료가 없어 사실 여부를 입증할 수

없었다. 하지만 2001년도부터 오사카에서 시토미야키타
部屋北라는 유적이 조사되면서 엄청난 자료가 쏟아져나왔다.
일본 최초로 완전한 말의 전신 뼈, 말을 훈련하던 채찍, 브
러시, 재갈, 발걸이 등이 발견된 것이다. 또 말에게 먹일 소
금을 굽던 토기가 함께 발견돼 이 유적을 남긴 집단은 전문
적으로 말을 키우던 이들이었음이 밝혀졌다. 그런데 그들
이 살던 집자리 구조와 사용하던 조리용 토기는 완전히 충
청도와 전라도의 것을 빼닮아 있었다. 소략한 기사로만 남
아 있어서 희미했던 역사적 사실이 선명하게 드러난 것이
다. 이 얼마나 중요한 발견인가.

유적이 말하는 고대인들의 제사 문화

서울 풍납토성 내부에서 발견한 대형 구덩이 안에서
2000점의 고급 토기가 무더기로 출토됐다. 그런데 이 토기
들을 자세히 관찰해보니 사람이 일부러 깬 흔적이 발견됐
다. 당시 무덤에 부장하거나 제사에 사용하는 기물을 일부
러 깨는 풍습이 드러난 것이다. 이렇게 기물을 깬 이유는
죽은 자가 저승에서 사용할 것이란 의미, 또는 귀신에게 바
치는 것이란 의미를 나타내기 위해서다. 즉 이승과 저승을

나누며 세계를 구분 짓던 문화와 사상이 토기에 반영된 것이다. 지금은 거의 사라졌지만 불과 몇 년 전만 하더라도 결혼 전 '함 사시오'를 외치며, 함잡이들이 바가지를 밟아 산산조각 내고 집 안에 들어가던 풍습도 비슷한 원리다.

김해의 한 저습지에서 발견된 많은 양의 작은 토기들은 홍수가 나거나 가물지 않기를 바라는 마음으로 물가에서 용왕에게 제사를 지낼 때 사용했던 제기들이다. 물의 신이나 우물의 신, 용왕을 모시던 제사 장소에서 발견되는 작은 토기들은 일본에서도 많이 발견됐다. 그런데 토기의 형태, 말뼈가 함께 나오는 점, 복숭아나 매실이 발견되는 점이 백제, 가야의 제사와 닮았다. 농업의 성공과 풍요를 비는 '물의 제사'는 한반도와 일본 열도에서 공통적으로 발견되는데, 이러한 사실은 문헌을 통해서 알 수 없다. 오직 땅에서 나온 자료가 말해줄 뿐이다.

2017년도에 일본은 유네스코 세계문화유산에 '신이 머무는 섬'이란 이름으로 오키노시마를 등재했다. 무인도인 이 섬에는 여신이 거주한다는데, 그런 연유로 일 년에 단 한 번 외부인의 입장이 허용된다. 그러나 반드시 남성만 출입할 수 있으며, 적지 않은 입장료를 지불해야 하고, 배에

김해 봉황동 유적에서 발견된 작은 토기

서 내려 섬에 들어갈 때는 실오라기 하나 걸칠 수 없다. 이
신비로운 섬에서는 4세기부터 8세기까지 여러 차례 성대
한 제사를 지냈는데, 그 흔적을 발굴조사한 결과 국가권력
이 주관한 행사에 걸맞은 온갖 귀한 제기를 발견할 수 있
었다. 그중에는 신라에서 만든 금반지와 금동제 용 장식,
중국 당나라의 삼채 도자기 등이 있었다. 수백 년에 걸쳐
해상교통의 안전을 기원하던 제사 문화의 변화상을 보여
주었기에 접근성에서 낙제점을 받을 수밖에 없었던 한계
를 뛰어넘고 유네스코 세계문화유산의 가치를 인정받은

것이다.

우리나라에도 이와 비슷한 제사유적이 여럿 있다. 그중 가장 유명한 것은 부안의 죽막동 제사유적이다. 이 유적을 발굴조사하면서 백제와 가야 그리고 왜와 중국 사이에 이루어진 동북아시아 해상교섭과 제사의 내용을 밝힐 수 있었다.

비명횡사한 부왕을 기리는 부여의 능사, 먼저 죽은 아들의 영혼을 위로하기 위한 왕흥사 역시 발굴조사 결과 전모가 드러난 유적이다. 한편 익산 미륵사가 무왕과 신라 출신 선화공주의 협력으로 조성되었다고 우리에게 말해준 문헌은 13세기에 쓰여진 『삼국유사』인데, 미륵사지 서탑을 해체하는 과정에서 사리봉안기가 발견되면서 800년 통설이 무너졌다. 문헌에는 보이지 않던 사택씨 왕후가 등장했고 무왕의 왕비가 누구인지를 둘러싼 논쟁이 시작됐다. 결국 미륵사를 창건한 사람이 누구인가 하는 문제까지 논쟁이 이어졌는데, 결과적으로 무왕의 왕비가 여러 명이었을 가능성이 제기됐다. 이제는 익산 쌍릉에 묻혀 있는 인물이 누구인지를 밝히려는 발굴조사가 이어지면서 7세기 전반의 백제사를 새로 써야 할 정도로 통설을 뒤엎는 사실이 속속 발견되고 있다. 이처럼 땅에서 새롭게 출토되는 자료에 의해 기존 정설은 붕괴되며 새로운 연구 과제가 지속적으로 창출되고 있다.

역사학자의 연구는 역동적이어야 한다

1부의 결론은 고대사를 연구하는 사학자의 엉덩이가 더 가벼워져야 한다는 것이다. 한정된 문헌 자료만 가지고 연구실에 틀어박혀 씨름하던 시대는 지났다. 국내는 물론이고 국외 답사가 필수인 시대다.

『삼국사기』는 우리에게 백제 개로왕의 죽음에 얽힌 일화 하나를 소개한다. 고구려 장수왕은 백제를 멸망시키기 위해 바둑의 고수인 승려 도림을 백제에 보냈고, 도림은 개로왕의 환심을 사서 그의 측근이 된다. 결국 도림은 개로왕을 꼬드겨서 왕릉과 궁궐을 더 크게 짓는 토목공사를 일으킨다. 개로왕은 한정된 국력을 염두에 두지 않고 대규모 토목공사를 감행했고 그 결과 국고가 텅 비어 백성들은 위기를 맞는다. 장수왕은 이 틈을 타서 군대를 파견해 백제 도성을 함락시키고 개로왕을 죽인다.

이때 개로왕이 감행한 대규모 토목공사를 『삼국사기』

는 증토축성蒸土築城이라 부른다. 그런데 그 표현의 의미가 명확하지 않았으니, 수수께끼 같은 의문을 풀겠다며 많은 역사학자들이 달려들었다. '증토'란 '흙을 찌다'란 의미인데, 흙을 단단하게 다진 것이라고 보거나 많은 흙을 모았다는 식으로 해석하기도 했다. 그러나 명확한 답을 얻었다는 확신이 들지 않았다. 그런데 해답은 바로 옆 나라 중국의 섬서성 유림 지역의 통만성에 있었다. 중국 역사서인 『진서晉書』에서 대하라는 나라를 세운 흉노족 출신의 혁련발발이 '만 가지 오랑캐를 통일했다'는 의미의 통만성을 쌓는 정황을 설명할 때 증토축성이란 단어를 사용한 것이다. 중국 학자들이 통만성을 발굴조사해 성을 쌓은 재료를 분석하니 황토와 석회가 사용되었음이 밝혀졌다. 황토와 석회에 물을 섞으면 화학반응이 일어나 많은 수증기가 발생하는데, 고대인들은 이 현상을 보고 흙을 찌다, 즉 증토라고 표현한 것이다. 결국 백제도 토목, 건축 공사에 석회를 사용했을 가능성이 커졌다. 이 사례는 한국 고대사를 연구하는 연구자가 한국이란 틀 안에만 갇혀 있어서는 안 된다는 사실을 여실히 보여준다.

앞으로 역사학자는 오케스트라의 지휘자 같은 역할을

흉노족이 남긴 통만성의 각루

맡아야 한다. 고고학자가 발굴한 유물을 가지고 화학자와 함께 분석하기도 하고, 토목공학자와 함께 공학적 원리를 규명하는 식으로 새로운 연구 방법론을 개발해야 한다. 그렇지 못하면 역사 연구는 퇴보할 수밖에 없다.

고고학 연구에 어떤 소질과 적성이 필
요한가?

내가 대학에 다니던 1980년대 발굴 현장에서는
시골 출신으로 리어카를 잘 몰고, 낫질과 삽질을
잘하는 남학생이 가장 인기가 있었다. 그런데 요
즘 현장에는 여성들의 수가 더 많다. 오늘날의 발
굴 현장에는 좋은 기계는 물론 발굴에 숙련된 어
르신들이 늘 함께 계시므로 완력보다는 꼼꼼하게
현장을 관리하며 오랜 기간 발굴을 이어갈 수 있
는 사람이 주목받고 있는 것이다.

앞으로는 더 활발하게 해외 조사가 진행될 것이므로 하루 모기에게 200방 물려도 끄떡없는 담력, 텐트 생활과 자연식 화장실을 참아낼 수 있는 인내력이 필요하다. 무엇보다도 인천공항을 향할 때마다 근심걱정보다 가슴 설레는 체질이라면 고고학 연구에 안성맞춤일 것이다.

뿐만 아니라 타 학문과의 교류를 두려워하지 말아야 한다. 문헌이나 사료에 갇혀 있으면 더 많은 것을 볼 수 없다. 때때로 전혀 다른 분야처럼 보이는 법의학과 협업을 해야 할 일이 생기기도 한다.

마지막으로 언제든 기존의 학설이 무너질 수 있기에 사료를 다양한 시각에서 바라볼 수 있는 비판적인 사고가 필요하다. 지금 우리가 보고 있는 역사는 과거의 역사가가 사실을 선택하고 재구성한 결과다. 사학자라면 과거의 해석에 끊임없이 질문을 던질 수 있어야 한다. 역사는 그런 질문과 대답으로 시작되고 이어지며 미래로 나아간다.

아직까지도 일본 학자들 중에는 광개토대왕비를 무기 삼아 임나일본부설을 주장하는 이들이 있다. 하지만 고고학적 발굴로 인해 밝혀진 사실들을 보면 임나일본부설은 더 이상 주장할 수 없는 상황이지 않은가? 일본학자들이 이런 부분을 어떻게 받아들이고 있는지 궁금하다.

한국과 일본에서 새로 발견되는 자료들을 선입견 없이 분석하면 누구나 임나일본부설이 절대 성립할 수 없다는 사실을 알 수 있다. 일제 관학자나 어용학자, 우익의 논리에 빠진 사람 등 극히 일부 연구자만이 미처 미련을 버리지 못했을 뿐이다.

임나일본부설에 경도되어 있지는 않더라도 일본 학자들 중에는 야마토 정권이 고대 국가 형성에 필요한 철을 얻기 위해 한반도에 자주 출몰했으며, 그 과정에서 한반도 주민들을 포로로 잡아가 일본에 정착시켰고, 기술 노예로 부려먹었다고 주장하는 경우도 있다. 물론 그런 경우가 아주 없지는 않았을 것이다.

그러나 압도적 다수의 자료가 고대 삼국의 주민들이 국가의 명령에 따라서, 혹은 전쟁을 피해 자발적으로 일본 열도에 정착했으며 이를 통해 일본이 문명화하는 데 기여했음을 보여준다. 한반도 주민들이 일본에 남긴 흔적은 일본측 주민이 한반도에 남긴 유적, 유물의 100배 이상이다.

당시 양 지역의 교섭은 전쟁만이 아니라 기술과 사상, 학문의 교류, 상업적 통상 등 다양한 분야에 걸쳐 있었다. 앞으로 고대 한일관계사의 진실을 밝히기 위해서는 극단적인 사고를 배제한 후, 일본을 이해하는 한국의 학자와 한국을 이해하는 일본의 학자들이 공동 연구를 진행해가는 과정이 필요하다.

2부

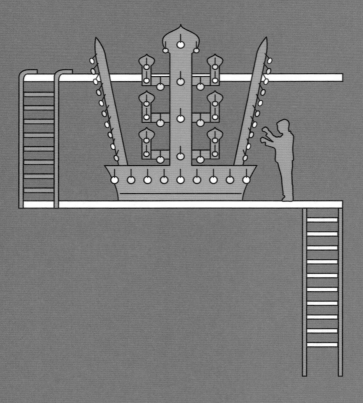

무덤과 인골,

고대인이

말을
걸다

긴 시간 동안 과거의 기억을 고스란히 간직해온 무덤과 인골은 미처 알지 못했던 우리 역사를 밝히는 길잡이가 된다. 그렇지만 인골이 중요한 연구 자료로 인정받기 시작한 것은 그리 오래되지 않았다. 그렇다면 그동안 우리 고고학과 고대사 연구에서 인골은 어떤 방식으로 다뤄졌을까. 인골 연구의 궤적을 살피며 죽음이 아닌 삶을 말하는 생생한 이야기에 귀 기울여보자.

땅속에서 복원한
인류의 자서전

고고학 연구의 블루오션, 인골

무덤은 오래전부터 고고학적 자료이자 유구로 중요하게 다뤄졌지만, 인골의 경우는 좀 달랐다. 간혹 인골 자체나 그 흔적이 출토되었다 하더라도 제대로 수습하지 못하는 경우가 대부분이었고, 이를 고고학적 자료로 인식하는 자세도 부족했다. 인골이 고대사 연구의 일 등급 자료라는 것을 깨달은 것도 최근의 일이다.

인골을 계측해 데이터를 종합하면 당시 사회의 남녀 평균신장을 알아낼 수 있다. 또 눈두덩이나 골반 등 남녀 성징을 표현하는 부분을 분석해 성별을 구분하고 치아나 뼈의 닳은 정도로 수명을 파악하는 일도 가능하다. 둔기로 강타당해 함몰된 정수리, 화살촉이 박혀 있는 허리뼈, 대퇴골에 남아 있는 예리한 자상 등은 그 사람의 최후를 말해준다. 전문 의사의 도움을 받아 뼈에 남아 있는 흔적을 분석하면 생시에 앓던 질병도 알 수 있다. 이렇듯 인골은 선사나 고대를 살아가던 사람의 구체적인 삶과 죽음을 보여주는 보물단지다. 그러니 이를 알아보지 못하고 소홀히 했던 세월이 얼마나 안타까운가.

인골은 조선시대 후기 무덤에서 가장 많이 발견되는데, 그 이유는 이때부터 황토와 석회, 물을 섞어 회격묘를 만들었기 때문이다. 회격묘는 시간이 지날수록 단단해질 뿐 아니라 내부 밀폐 상태가 잘 유지돼 나무 뿌리나 곤충의 침투를 효과적으로 막아낸다. 내부 환경도 안정된 상태로 유지되기에 목관과 수의도 잘 보존된다. 덕분에 우리나라 복식 연구는 무덤에서 출토된 수의를 이용해 진행되는데, 종종 지독한 냄새를 참아가며 무덤에서 발굴한 수의를 보존 처리하는 연구자들을 보면 존경심을 금할 수 없다. 이런 복식 연구에 비해 오랜 기간 연구 대상으로 인정받지 못했던 인골은 후손을 찾아 인계하거나 그렇지 못할 경우 한지에 포장해 화장하고 재를 뿌리는 방식으로 처리했다. 그러나 조선시대의 인골은 후손들에게는 선조의 소중한 유체이면서 동시에 연구의 대상이다. 따라서 고인에 대한 최소한의 예의를 갖춘 상태에서 연구를 허용하고 진행했어야 마땅하지만, 현실은 그렇지 못했다. 대부분의 고고학자가 기본적인 인골 처치 방법도 체득하지 못했기에 조선시대 무덤에서 나온 인골을 환영하지 못하고 오히려 처치 곤란으로 여겼다.

그러나 오늘날 인골은 우리 역사를 해명하는 일 등급 자료로서 고고학 연구의 블루오션으로 여겨진다. 학생들은 입대 시 유해발굴단에 지원해 전문적이고 체계적인 교육과 실습을 받으며 복무 기간을 기회 삼아 인골 전문가로 양성된다. 인골 연구의 중요성이 널리 인정받기 시작했다는 하나의 방증이다.

인골의 체계적인 수습, 정리에서부터 사망 원인이나 생시에 앓던 질병, 습관, 영양 상태 등을 밝히기 위해서는 여러 분야 전문가들의 협업이 필요하다. 발굴조사 기술이 향상되고 체질인류학이나 법의학 등 유관 분야 전문가들과의 융복합적인 협동 연구가 본궤도에 오르기 시작하였으니 과거에는 전혀 예상하지 못했던 영역과 깊이로 연구의 범위가 확장될 것이라 믿는다. 이제부터는 소중한 고고학적 자료로서 인골이 우리에게 전해준 이야기들을 살펴보자.

인골 연구의 과학적 조사

1980년대 이전에는 인골 연구와 과학적 조사를 통해 확보된 인골의 수가 얼마 되지 않았기에, 연구 성과를 제대로 축적하지 못한 상태에서 인골의 형태적 특징을 과다하게 해석하는 경향이 두드러졌다. 예를 들어 청동기시대 고인돌에서 출토된 인골이 백인종의 특징을 보인다는 연구 결과가 발표됐다. 과거 인종을 구분하기 위해 두개골의 길이와 폭의 비율로 장두와 단두를 구분했는데, 제천 황석리의 한 고인돌에서 출토된 두개골이 백인의 특징인 장두형에 가깝다 하여 한반도에서도 백인종이 살았다고 주장한 것이다. 아직도 이런 초창기 연구에 주목하는 이들이 있어 요즘에도 이와 비슷한 이야기가 유튜브 같은 플랫폼에서 떠돌고 있다.

1980년대 이후 발굴조사 건수가 증가하면서 출토되는 인골의 수가 증가했고 남녀 성별을 판정하거나 연령을 추정하는 용도로 고인돌이나 패총에서 발견한 인골을 활용했다. 성별은 대개 성징이 뚜렷한 신체 부위를 관찰해 구분할 수 있다. 예를 들어 눈두덩이 뼈가 튀어나온 정도가 클 경우 남성으로, 골반이 벌어진 정도가 크면 여성으로 구분했다. 그러나 이 또한 과학적 근거가 부족한 방식으로 무엇보다 서양의 공식과 통계치를 그대로 받아들였다는 점에 한계가 있다. 두 사람분의 뼈가 무덤에서 함께 발견되면 결정적 증거도 없이 부부라 속단하는 경우도 있었다. 여러 명이 묻힌 경우 나이가 많고 적음에 따라서 부모, 자식 관계로 판정하는 것도 잘못된 방법이다. 사망할 때의 나이가 모두 제각각이기 때문에 매장의 과정을 상세하게 고려하지 않고서 가족 관계를 추정하는 것은 옳지 않다. 이후 고고학적 발굴조사에 법의학자와 형질인류학자가 참여하면서 기존 연구에서 빚어졌던 오류가 대거 수정되었다.

의학적인 소견을 더하면서 새로운 사실을 알게 된 경우도 많다. 역사학자나 고고학자가 도저히 알 수 없는 전문 의료지식이 동원되면서 인골만으로도 사망 원인과 앓고 있던 질병을 규명해내기에 이른 것이다. 예컨대 남해에 위치한 경남 통영의 한 섬에서 신석기시대 사람들의 집단 무덤을 발견했는데, 그곳에서 나온 여성이 귓속의 뼈가 과도하게 튀어나오는 외이도 골종을 앓았음을 확인했다. 이 병은 수온과 수압의 차이가 심한 환경에서 오랫동안 있으면 생기는 것으로 잠수를 오래하는 잠수부나 해녀들의 직업병이다. 즉 신석기시대에 살던 해녀의 인골이 출토된 것이다. 이 유적에서는 조개나 동물 뿔로 만든 칼이 발견되는 경우가 많았는데 그 용도를 알 수 없었으나 해녀의 존재를 확인하면서 이 용도 불명의 칼이 바닷속 바위틈에서 전복을 따는 데 사용됐다는 사실도 알아냈다. 심지어 경상도 내륙지방에서도 외이도 골종에 걸린 여성 인골이 발견되었는데 이는 해안가의 해녀가 내륙으로 시집을 갔다는 조금 과감한(?) 추정도 가능하게 한다.

경산 임당동 고분에서 출토된 인골은 두개골에 종양의 흔적을 품고 있었는데 이를 통해 병명을 유추했으며, 팔과 다리 상태가 골절되었다가 아문 흔적도 발견했다.

한반도 남부의 수수께끼 같은 편두 문화를 발견하다

전족이란 중국에서 여자아이들의 발을 헝겊으로 묶어 자연스러운 성장을 막고 변형을 유도하는 풍습이다. 발 대신 머리를 묶는 것을 편두^{扁頭}라고 부르는데, 어릴 때부터 천이나 나무판자, 돌을 이용해 머리를 납작하게 누르고 끈으로 묶어 두개골의 변형을 꾀한다. 편두 방법으로는 정수리를 뒤로 넘어가게 해서 뒤통수를 뾰족하게 만드는 것과 반대로 두개골의 폭을 넓히는 것이 있다.

중국 역사책인 『삼국지』에는 이 두개골 변형 풍습이 한반도 남부 진한에서 시행되었다고 기록돼 있다. "아이를 낳으면 곧 돌로 머리를 눌러 편평하게 했다"는 것이다. 그러나 단편적인 기록뿐이어서 실제 시행 여부를 밝힐 수는 없었는데, 인골 발굴로 사실을 밝혀냈다. 1970년대에 발굴조사한 경상남도 김해 예안리 가야무덤에서 최초의 편두 인골이 발견된 것이다. 진한의 편두 풍습을 소개한 『삼국지』의 내용이 100퍼센트 들어맞은 것은 아니었다. 당시 김해에는 진한이 아닌 변한이 자리했던 것이다. 그러나 후에 진한의 땅이었던 경상북도 경산에서 편두 인골을 발견하며 이 풍습이 경상도 일대에 널리 퍼져 있었음을 확인할 수 있었다.

경산 임당동 고분군은 진한에서 신라에 걸쳐 장기간 만들어진 무덤들인데, 발굴 결과 유례가 없을 정도로 많은 인골이 출토되었다. 현재 발견된 인골 대부분은 영남대학교 박물관에 소장되어 있으며, 200여 개체의 인골 중에서 편두를 한 두개골이 적지 않게 포함되어 있다. 결과적으로 진

억지로 두개골의 모습을 변형시켰던 편두 인골(경산 임당동 고분군, 영남대학교 박물관)

한과 변한은 물론 신라와 가야에서도 편두를 실시했음을
알 수 있다.

흙인형의 모양을 보고 편두 시행을 추정한 사례도 있다.
작고 귀여운 금방울이 나왔다고 해서 금령총이라 부르는
5세기 말~6세기 초 신라 왕자의 무덤에서는 사람과 말을
표현한 흙인형이 여럿 출토되었다. 그중에서도 가장 유명
한 것은 한 쌍의 기마인물형 토기(국보 제91호)인데, 한 점
은 무덤의 주인공이라 추정되는 귀족을 빚은 것이고, 다른
한 점은 그의 시종을 표현한 것이다.

젊은 귀족은 말을 타고 갑옷을 입었으며 칼을 찬 채 머리에는 관모를 썼는데, 이 관모는 고깔처럼 정수리에 올린 관으로 바닥 부분이 좁아 머리 위에 얹게 되어 있다. 그런데 이 관모 바닥은 보통의 머리 모양을 지닌 사람은 쓸 수 없을 정도로 폭이 좁다. 인물 모형 또한 두개골의 폭이 심하게 좁고 이마가 뒤로 넘어가 있다. 편두를 시행한 것이다. 결국 5~6세기 신라 왕족도 편두를 했다는 사실이 드러났다. 경주에서 발견한 5세기 무렵 또다른 무덤에서도 편두를 한 여성 인골이 발견됐다. 이 여인은 이마 폭이 좁고 뒤통수가 돌출됐는데, 무덤의 규모나 부장품의 형태를 볼 때 결코 왕족은 아니었다. 그러니 신라에서는 왕족뿐 아니라 신분 구별 없이 편두가 널리 유행했을지 모를 일이다. 한편 고구려 벽화 고분 중에 개마총이란 무덤이 있는데, 여기 금동관을 쓰고 있는 무덤의 주인공 역시 편두로 표현되어 있다. 삼국시대에 편두는 예외적인 것이 아니라 광범위하게 시행되던 풍습이었을까.

그렇다면 편두를 시행한 이유는 무엇일까? 밑이 좁은 고깔 모양의 관모를 폼나게 쓰기 위해서? 아니면 고귀한 신분을 과시하기 위해서? 종족 차이를 표현한 것일까? 꼬리에 꼬리를 문 의문이 이어지지만, 답을 얻기란 쉽지 않다. 김해 예안리에서 출토된 인골을 갖고 편두를 연구한 결과 특별히 높은 신분의 사람들만 편두를 한 것이 아니라는 사실이 밝혀졌으니, 일단 신분의 과시는 아닌 셈이다. 의문을 풀기 위해서는 한국만이 아니라 아프리카, 동남아시아, 중앙아시아, 태평양, 중남미 등 편두를 시행했던 지역을 대상으로 삼아 비교 연구할 필요가 있다. 역사학자만이 아니라 고고학자, 인류학자, 민속학자, 법의학자 등 여러 분야의 협업 없이는 풀 수 없는 수수께끼다.

조몬인과 야요이인으로 본 얼굴 연구

조용진 박사는 우리나라에서 얼굴을 연구하는 유일한 전문가다. 서울교대와 한서대 교수를 거쳐 현재 개인 연구소에서 후학을 육성하는 조 박사는 원래 미술대학에 입학해 초상화를 전공하다가 인체해부학의 필요성을 절감하고 의대에 입학해 무려 7년 동안 엄청난 양의 해부를 경험했다. 인간의 몸에 대한 연구를 지속해 온 그는 현재 한국인만이 아니라 인류의 얼굴, 골격, 뇌를 연구하는 새로운 분야를 개척해 독보적 존재로 자리잡았으며, 수많은 데이터를 종합해 한국과 일본, 중국, 태국의 20대 남성과 여성의 평균 얼굴을 만들어냈다. 다른 한편으로는 한국인 중에서도 경기도, 강원도, 충청도, 전라도, 경상도 주민의 평균 얼굴 이미지를 도출했다. 이 연구를 기반으로 유적에서 출토된 인골에 뼈를 붙이면서 여러 가지 연구를 할 수 있다.

일본에서 진행한 얼굴 연구와 우리의 사례를 비교해 살펴보자. 일본은 선사시대, 즉 구석기시대를 거쳐 조몬시대와 야요이시대를 지나왔다. 조몬시대는 우리의 신석기문화와 비슷한 성격이고 야요이시대 문화는 우리의 청동기, 초기 철기문화와 비슷하다고 생각하면 이해하기 쉽다. 그런데 앞선 선사시대의 얼굴 연구에서 일본은 우리보다 훨씬 유리한 형편이다. 첫째로 남아 있는 인골 자료가 우리나라에 비해 훨씬 많은 것이 대표적 이유인데, 이는 토양 조건에서 기인한 것이다. 인골이 오래 남기 좋은 일본 토양에 비해 우리나라는 산성이 강한 붉은 황토가 많아 잔존 상태가 좋지 않다. 게다가 조몬인과 야요이인은 생김새에 뚜렷한 차이를 보인다. 조몬인은 넓은 턱뼈, 짙은 눈썹과 큰 눈, 쌍꺼풀, 덥수룩한 수염이 특징이고 야요이인은 갸름한 얼굴, 얇은 눈꺼풀과 작은 눈, 얇은 입술을 특징으로 한다. 조몬인은 동남아시아 계통으로서 야요이인보다 먼저 일본 열도에 들어왔으며, 야요이인은 한반도 남부에서 금속기, 쌀, 전쟁, 무기, 방어취락을 가지고 일본 열도에 들어온 이들이다. 따라서 먼저 와 있던 조몬인과 뒤늦게 들어온 야요이인이 섞이면서 현재의 일본인의 얼굴 생김새를 갖췄다고 보는 것이 정설이다.

이런 설을 뒷받침해준 것이 야마구치현 도이가하마土井ヶ浜 유적이다. 동해를 바라보며 해안가에 직교하는 방향으로 형성된 사구 위에서 수많은 야요이시대 무덤이 발견됐고 이후 상태가 양호한 인골을 300개체 이상 발굴해 국가 사적으로 지정됐다. 가슴에 가마우지를 안고 매장된 무당 여인, 상반신에 15발 이상 화살촉을 맞고 사망한 영웅적인 인물 등의 유골로 유명세를 탔지만, 가장 중요한 발견은 이들의 형질적인 특징이 선주민인 조몬인과 달랐다는 사실이다.

이들의 평균 신장은 조몬인보다 3~5센티미터 정도 커 성인 남성이 163센티미터 정도라 한다. 이 무덤에 묻힌 사람들의 고향을 경남 일대로 지목하는 견해가 유력한데, 최근에는 중국 산동반도의 한나라 인골과 비교하기도 한다.

도이가하마 유적 이외에도 많은 야요이시대 인골이 축적되면서 조몬인과 구별되는 야요이인의 형질적 특징은 바뀔 수 없는 정설이 되었다.

일본 여행을 하다 마주친 일본인들의 얼굴을 곰곰이 떠올려보면 한국인보다 인종적 변이가 훨씬 큰 것을 알 수 있다. 한반도 주민들이 대거 건너간 후쿠오카나 오사카에는 우리와 비슷한 북방계, 즉 야요이 계통이 많고 규슈 남부나 관동, 동북지방에는 조몬계 인물들이 많다. 쉽게 말해 신윤복의 〈미인도〉에 등장하는 인물처럼 마늘쪽 같은 코, 앵두 같은 입술, 쌍커풀 없는 눈 등이 야요이인 형상의 특징이라 생각하면 얼추 들어맞는다. 반면 눈이 부리부리하고 입술이 두툼하며 쌍커풀이 진하고 수염이 많은 사람들은 조몬계라고 생각하면 된다. 아무리 보아도 구별하기 어렵다면 두 가지 계통이 섞인 혼혈이라 보면 된다.

물론 이렇게 단순한 기준으로 인종을 나눌 수는 없다. 수천 년 간 서로 다른 인종 간 혈통이 섞였기에 전형적인 조몬인과 야요이인의 얼굴을 고스란히 간직할 수는 없었기 때문이다. 그렇지만 이주나 원거리 혼인이 활발하지 않았던 일본 역사의 특징 때문인지 몰라도 일본의 거리를 걷다 보면 불시에 과거의 조몬인이나 야요이인을 마주치는 경험을 할 수 있다.

일본의 폼페이에서 발견된 불운의 사나이

일본 수도 도쿄 동북 쪽에 있는 군마群馬는 1923년에 일어났던 관동대지진 대학살의 현장이어서 우리에게 부정적인 이미지가 강하지만 사실 일본 고고학의 보물상자 같은 곳이다. 군마에 있는 하루나榛名산은 활화산인데, 기원후 6세기 무렵 크게 분화해 주변 지역을 가스, 경석, 재로 뒤덮었다. 안타깝게도 수많은 주민이 미처 그곳을 빠져나오지 못했기에 도망가던 상태로 화산 분화물에 덮여버렸다. 그래서 얻은 별명이 일본의 폼페이다. 죽음을 면치 못했던 이들에게는 비극적 사건의 현장이지만, 후대의 역사학자와 고고학자에게 이곳은 매우 귀중한 사료다. 두껍게 쌓인 화산재와 돌을 걷어내자 6세기 전반 마을의 풍경이 그대로 드러난 것이다. 무려 1500년의 세월을 건너뛰어 6세기 전반 사람들의 삶의 모습을 고스란히 볼 수 있으니 이보다 더 좋은 타임캡슐이 어디에 있을까. 군마의 여러 유적은 일본 고고학과 고대사 연구의 보물상자가 되었다.

그리고 2012년 늦은 가을, 고속도로 구간에 편입된 유적 카나이히가시우라金井東裏를 발굴조사하던 군마 지역 고고학자들은 쇠로 된 판갑옷을 입고 도랑에 엎드린 채 사망한 인골을 찾아냈다. 곧 그 주변에서 여성과 어린이 2명의 인골이 추가로 발견됐기에 4인 가족이 함께 화산재에 묻혀 사망한 것이라 추정했다. 그런데 가장 먼저 발견된 남성의 유해는 땅에 놓은 투구에 이마를 올린 채, 마치 신에게 기도하는 듯한 자세로 엎드려 죽음을 맞이했다. 발굴 초기, 남성이 입은 쇠갑옷에 동물 뼈로 된 비늘갑옷이 조합되었다는 점과 동물 뼈를 깎아서 만든 갑옷은 오직 서울 몽촌토성에서만 발견되었다는 점이 대서특필됐다. 일본 학자들은 남성의 갑옷을 보고 그가 백제계 사람이었을 가능성에 주목했다.

　인골에 대한 연구를 진행하며 얼굴을 복원하자 새로운 국면에 들어섰다. 남성은 서일본 혹은 한반도계 인물로, 여성은 일본 동북지방 출신 인물로 추정된 것이다. 6세기 초 군마에서 비극적 최후를 맞이한 이 가족이 고대의 다문화 가정이었을 가능성이 드러난 셈이다.

　우리나라에서도 이런 작업을 왕성하게 진행하고 있다.

카나이히가시우라에서 발굴된 기도하는 자세의 남자

경남 창녕 송현동 고분군에서는 순장 당한 16세 정도된 소녀의 인골이 발견돼 얼굴과 전신 복원작업을 진행했다. 송현동에서 출토되어 송현이라 이름 붙인 이 가엾은 소녀는 우리 주변에서 흔히 볼 수 있는 10대 여학생의 풋풋한 모습을 그대로 간직한 모습이었다. 한편 전라남도 나주시 다시면 정촌 고분에서는 6세기 초에 영산강 하류를 지배했던 최고 실력자의 뼈가 출토되었는데, 남성이었으리라는 추측을 뒤엎고 복원 결과 중년 여성임이 밝혀졌다. 이 여성 족장의 출현으로 한국 고대사에 페미니즘적 해석의 기회가 열린 셈이다. 지금까지 열거한 경산, 창녕, 나주의 여성 인골들은 고대 우리나라 각 지역 여성의 얼굴을 대표하는 셈이어서 조용진 교수의 연구물과 비교해보는 재미를 더한다.

쌍릉 대왕묘의 주인공을 밝힌 인골 연구의 위엄

우리는 『삼국유사』의 기록대로 미륵사는 무왕과 그 부인인 신라 출신의 선화공주가 세웠다고 믿었다. 그런데 2009년 미륵사지 서탑을 보수하다가 우연히 사리장엄을 발굴했고, 함께 출토된 사리봉영기에서 "좌평 사택적덕의 따님이 깨끗한 재물을 희사하여 가람을 세우고, 기해년(639년) 정월 29일에 사리를 받들어 모셨다"는 기록이 나왔다. 여기까지는 1부에서도 다룬 이야기인데 이로 인해 연쇄적으로 불거진 이슈가 있었으니, 익산 쌍릉의 피장자 문제이다.

쌍릉은 미륵사지 남쪽 야트막한 구릉 위에 분포한 무덤 2기를 부르는 말로 큰 무덤은 대왕묘, 작은 무덤은 소왕묘라 불러왔으며 전자는 무왕, 후자는 선화공주를 묻은 묘라 여겨왔다. 그런데 미륵사지 서탑 조사 결과 사택적덕의 따님이었던 왕후가 실제 존재했던 인물임이 밝혀지면서 문제는 복잡해졌다. 대왕묘에 무왕, 소왕묘에 선화공주가 아닌 사택왕후가 묻힌 것이 아니냐라는 합리적 의심이 제기된 것이다. 일제 강점기에 대왕묘에서 발굴된 치아가 여성의 것이란 감정이 더해지면서 오히려 대왕묘는 사택왕후, 소왕묘가 무왕의 무덤이란 주장까지 대두됐고 문제는 정리할 수 없을 정도로 복잡해졌다. 얽히고 설킨 문제를 풀기 위해서 나선 곳은 국립부여문화재연구소와 원광대학교로 공동 조사단을 구성해 대왕묘를 다시 발굴했다.

과거 일제 강점기인 1917년 야츠이라는 일본 학자가 대왕묘를 조사한 바 무덤은 단면 육각형의, 전형적인 백제 후기 무덤 구조를 지녔고, 크기나 돌 다듬은 수준은 왕릉급이었다. 하지만 이미 여러 차례 도굴당해 치아 몇 점과 목관 장식, 고리 정도만이 남아 있었고 중앙에 놓인 대형 관 받침 위 목관은 폭삭 내려앉은 상태였다. 결국 제대로 된 보고서를 남기지 못한 채 유물을 수습해 간단한 사진 몇 장만을 남길 수 있었던 최초 조사를 뒤로 한 채 정확히 100년 후인 2017년 재조사에 착수한 것이다.

그런데 무덤 안으로 들어간 조사단은 관받침 위에 놓인 나무상자를 보고 깜짝 놀랐다. 야츠이의 보고서에는 전혀 등장하지 않았던 정체불명의 상자였다. 조심스럽게 뚜껑을 열자 소복하게 뼈가 담겨 있었다. 조사단은 재빨리 뚜껑을 닫아 급격한 환경 변화로 뼈가 손상되는 것을 막았다. 곧바로 학제 간 연구를 시작하기 위해 인골을 가톨릭 의과대학으로 운반하고 이우영 교수를 위시한 국내 최고의 법의학자들이 분석에 착수했다. 뼈는 잘게 부서져 있었으나 일부 부위는 알아볼 수 있을 정도였다. 가톨릭 의대 조사팀은 부위별 뼈가 한 벌씩만 있다는 사실과 이 뼈가 한 사람 분이라는 점을 확인한 후 인골의 오염과 손상을 막기 위해 3D 프린팅을 한 모형을 갖고 연구에 돌입했다. 결국 몇 차례 중간 점검을 거친 후 2018년 7월 17일 관련 분야의 전문가들이 한자리에 모여 가톨릭 의대 조사팀의 발표를 들었다.

연구 결과는 대략 이랬다. 첫째, 팔꿈치의 각도, 목말뼈의 크기, 무릎 너비 등이 남성적 특징을 보인다. 둘째, 방사성 탄소연대 측정치를 볼 때 뼈의 주인이 수명을 다한 시기는 620~659년 사이일 가능성이 68퍼센트다. 셋째, 뼈 주인공의 신장은 161~170센티미터 정도로 당시로는 상당히 큰 편이었으며, 60대 이상의 고령이다. 넷째, 젊어서 낙상한 결과 골반에 상처가 남아 있고, 광범위 특발성 뼈 과

다중이라는 희소한 질병을 앓았던 흔적이 있다. 이 병은 단백질 특히 어패류를 많이 섭취한 경우 발생할 수 있는데, 고령의 남성이 주로 앓으며, 극심한 통증으로 몸져눕게 만든다. 따라서 뼈의 주인이 익산 지역의 풍부한 어패류를 과도하게 섭취해 병을 앓았을 것으로 예상했는데, 말년에는 누워 지냈을 가능성이 높다. 그런데 사택왕후가 사리를 봉안하며 남편인 무왕의 건강과 장수를 기원한 해가 639년이고 무왕이 사망한 시점이 641년이니, 왕후가 사리를 봉안할 때 무왕은 이미 앓아누웠고 곧 죽음을 맞이했을 것이라는 추리가 가능하다.

연구팀이 발표를 마친 후 전문가들은 난상토론을 거듭했다. 고고학자들은 대왕묘의 규모나 석재 가공 수준을 볼 때 왕릉이 분명하다는 점을 증명했고, 역사학자들은 7세기 전반 고령으로 생을 마감한 백제왕은 무왕 외엔 없다고 주장했다. 결국 인골이 백제 무왕의 것이라는 데 의견을 모았다. 정체 미상의 뼈가 백제 무왕으로 밝혀진 순간이었다.

지금까지 조사한 삼국시대 왕릉 중 무덤의 주인을 정확히 밝혀낸 것은 백제 무령왕릉 하나뿐이다. 경주에 있는 황남대총의 주인공은 신라의 내물왕 아니면 실성왕, 혹은 눌

중국 길림성 집안시 태왕릉의 원경

지왕이라는 주장의 삼파전 양상이 팽팽하다. 중국 길림성
집안시의 고구려 태왕릉이 광개토대왕의 무덤이냐 아니냐
하는 논의도 계속 이어지고 있다. 수많은 유물이 도굴되지
않은 상태로 발견되거나, '태왕릉'이란 글자가 떡하니 새겨
진 전돌이 발견되어도 주인공을 쉽게 확정할 수 없는 신라
와 고구려 왕릉에 비해, 변변한 유물도 발견되지 않았던 쌍
릉 대왕묘의 주인공을 밝힐 수 있었던 것은 전부 인골 덕분
이다.

단군릉의 해석 오류와 왜곡

반면 인골을 잘못 해석해 역사 자체를 왜곡한 사례도 있다. 그 단적인 예가 바로 북한의 단군릉이다. 이 건축물은 1994년에 완공한 것을 기념하여 1994개의 화강암으로 쌓았고, 고조선의 비파형동검을 조형물로 삼았으며, 곰과 호랑이 석상을 세워 무덤을 지키도록 했다. 그런데 사실 북한 학계가 발견했다는 단군릉은 여기에서 몇 킬로미터 떨어진 별도의 장소에 있다. 현재 북한 당국이 성역으로 관리하는 단군릉은 새롭게 만든 것이다. 이를 북한 학계에서는 개건이라고 하는데, 개건한 새 건축물은 고구려 장군총을 모델로 삼아 북한 당국이 20세기 후반에 축조한 현대 건축물이다. 따라서 여기에 단군의 시신이 있을 가능성은 전혀 없다.

그렇다면 먼저 발견한 무덤이 실제 단군의 무덤일 수도 있지 않으냐 말할 수 있다. 그러나 이 무덤은 전형적인 고구려 후기의 돌방무덤이며, 여기에서 돌로 만든 관 받침 3개와 전형적인 고구려 금동관이 발견되었다. 고구려 귀족의 무덤인 것이다. 하지만 북한 학계는 오래전부터 이 무덤이 단군릉으로 불려왔다는 사실을 근거로 출토된 두 사람분의 인골을 단군과 그의 부인의 것이라 해석했다. 그 증거로 내세운 것은 노년이며 키 170센티미터가 넘는 남성 인골과 키가 작고 섬약해 보이는 여성 인골이다. 고대의 왕은 일반적으로 키가 크고 건장한데 출토된 남성 인골이 그러하며,『삼국유사』에 의하면 단군이 천 년 이상 살았다고 하니 죽을 때 나이가 많은 노인이었을 것이므로 뼈의 특성과 일치한다는 것이다. 여성 인골의 경우 남성 인골보다 키가 작고 섬약한 것으로 보아 노동을 하지 않은 귀족 여인이 분명하고 그렇기 때문에 단군의 부인이라고 결론지었다.

한편 북한 학계는 발견된 인골을 과학적 방법으로 측정한 결과 5011년 전에 탄생한 사실이 밝혀져서 기원전 3000년 이전에 단군이 존재했다고 주장한다. 기원전 2333년 단군이 나라를 세웠다는『삼국유사』기사보다 단군 조선의 실제 건국 연대가 훨씬 이전이라는 주장인 셈이다. 무덤의 구조와 금동관이 고구려식인 것은 훗날 고구려인들이 단군릉을 개축하고 금동관을 넣은 결과라고 강변했다. 기원전 30세기 이전에 고대 국가가 발생했다는 주장은 세계사의 상식을 뒤엎는 것인데, 북한 학계는 이러한 주장을 입증하기 위해 거듭 무리수를 두고 있다. 결과적으로는 평양을 중심으로 한 대동강 문명이 세계 4대 문명보다 더 오래되고 우수하다는 주장, 나아가 인류의 기원지가 아프리카 동남부가 아니라 평양이라는 기상천외한 주장을 하기에 이르렀다. 나가도 너무 나간 북한 학계의 연구 성과는 과학과는 동떨어진 처지에 빠져버렸다.

사회적 존재로서의
고대인을 발견하다

순장을 통한 고대 신분제 사회 규명

고대 유적에서 발견한 인골을 가지고 생물학적 개체로서의 인간을 연구하는 수준을 넘어서서 사회적 존재로서의 인간 연구도 시작되었다. 그 대표적 주제는 순장이다. 주윤발이 주연한 영화 〈공자〉의 첫 장면에는 순장을 피해 도망치는 어린아이가 등장하는데, 여기에서 죽은 사람을 위해 산 사람을 땅에 묻는 순장의 잔인함이 여실히 드러난다.

순장 무덤이 고고학적으로 인정받기 위해서는 세 가지 필요조건을 충족해야 한다. 첫 번째 조건은 무덤 주인과 순장 당한 자가 같은 시대에 죽었어야 한다. 무덤의 주인공이 생을 다한 지 수십, 수백 년이 흐른 후에야 산 자를 죽이는 것은 순장이 아니라 제사나 희생으로 취급된다. 두 번째 조건은 강제성이다. 순장당하는 사람이 즐거운 마음으로 기꺼이 목숨을 버린다면 그것은 순장이 아니라 순사로 취급된다. 마지막 조건은 종속성이다. 윗사람을 위해 아랫사람이 죽어야 순장이지, 그 반대의 경우는 순장이 아니다. 이와 같은 동시성과 강제성, 종속성은 순장의 충분조건이 아니라 필요조건이므로 최소한 이 세 가지 조건을 충족시켜야 순장 여부를 논할 수 있다.

순장 연구는 한국 고대사에서 매우 중요한 연구사적 의미를 지닌다. 당시의 사회구조를 규명하는 데 순장 실시 여부가 유효하기 때문이다. 이를 알아보기 위해 우리보다 먼저 순장제도에 주목했던 중국 학계의 사례를 살펴보자. 흔히 우리가 은나라라고 부르는 국가의 정식 명칭은 상商인데, 문헌 기록과 고고학적 발굴 성과를 종합한 결과 상나라는 고대 노예제 사회였음이 밝혀졌다. 노예제 사회의 성격을 드러내는 대표적 현상이 바로 광범위하게 실시한 순장제도인데, 이 풍속은 상나라에서 주나라와 춘추전국시대까지 이어졌다. 순장을 실시한 사람은 노예 소유주이고, 당하는 사람은 노예이며, 많은 사람을 순장할수록 노예를 많이 소유했다. 진나라와 한나라 때에 이르러 순장제도가 점차 사라지고 사람 대신 흙으로 빚은 인형을 무덤에 넣게 되는데, 이때부터 고대 노예제 사회가 종말을 맞이했다고 볼 수 있다. 즉 순장 실시 여부는 고대 노예제 사회의 징표이다.

북한 학계는 1960년대 전반 중국과 공동으로 중국 동북 지방에 분포하는 고조선, 고구려, 발해 유적을 조사했다. 이 과정에서 요동반도 끝에 위치한 청동기시대의 무덤들을 발굴했고 대표적인 무덤이 강상묘, 루상묘, 와룡천 무덤이다. 시기는 고조선에 해당하며 여기에서 순장의 흔적을 발견했다. 특히 기원전 7~6세기 무렵에 만든 것으로 추정되는 강상묘에서는 무려 130명에 이르는 노예가 순장된 것이 발견됐는데, 이토록 많은 노예를 순장할 정도의 재력가가 존재한 점은 당시 사회가 이미 고도로 발달한 고대 국가였다는 것을 입증한다. 게다가 요동반도는 당시 고조선의 중심지가 아니라 일개 지방에 불과했기 때문에 중앙의 계층분화 현상은 훨씬 심했을 것이다. 결론적으로 북한 학계는 고조선 사회가 이토록 많은 노예를 순장할 정도로 계층 분화가 심화된 노예제 사회였다고 발표했다. 하지만 필자는 강상묘 등의 무덤이 순장으로 인정받기 위한 세 가지 필요조건, 즉 동시성, 강제성, 종속성을 만족시키지 못했으므로 순장묘라 볼 수 없다고 생각한다.

강상묘를 순장묘로 보려는 북한 학계의 주장에는 동의하지 않으나 순장을 통해 당시 사회의 면모를 보려는 시도 자체는 바른 방향이라고 평가할 수 있다. 중국의 사례를 보아도 그렇고 한국사에서도 순장이 본격적으로 실시되던 때와 소멸되던 때를 확인할 수 있으며 그 사이에 일어난 사회적 변혁의 움직임을 포착할 수 있기 때문이다. 결국 순장은 단순한 장례 풍습의 의미만이 아니라 계층 분화 현상과 신분제 사회의 실체를 규명하는 실마리라 할 수 있다.

순장 무덤으로 본 고대인의 현실

『삼국지』는 고구려의 북쪽, 만주에 있던 부여에서 순장을 시행했다고 언급한다. 정확히는 '살인순장 다자백수殺人殉葬 多者百數'라고 적혀 있는데, 그 의미는 "사람을 죽여 순장했는데 많으면 백이나 되었다"는 뜻이 아니라 "많을 경우 백 단위, 즉 100, 200, 300의 단위로 헤아렸다"라고 해석할 수 있다. 이처럼 부여의 순장은 당하는 사람의 숫자가 어마어마했다는 데 특징이 있다. 순장이란 풍습은 인간의 존엄성을 무시한 처사인데, 이렇게 많은 사람을 희생시켰다는 것은 곧 인명경시가 일상화된 사회의 풍조를 보여준다. 중국의 경우 순장 초기에는 많은 사람을 죽이다가 점차 그 수를 줄여나갔다.

부여는 많은 사람을 희생시켰지만 조금 늦은 시기의 가야에서는 그 수를 현저히 줄여나가며 중국과 같은 양상을 보였다. 대가야의 왕과 왕족의 공동묘지인 고령 지산동 고분군에서 순장의 흔적이 처음 발견되었고 이후 부산 복천동 고분군(독로국), 김해 대성동 고분군(금관국, 금관가야), 함안 말산리 고분군(안라국, 아라가야), 창녕 송현동 고분군(비사벌) 등 수많은 가야 유적에서 순장이 확인되었다. 부여에 비하면 순장당하는 사람의 숫자가 현저히 줄어 가장 많은 사람을 순장한 고령 지산동 44호분이 30명을 조금 넘는 수준이고, 대부분 10명을 넘기지 않았다. 동일한 고분군 내에서는 지위가 높은 사람의 무덤에서 더 많은 수의 순장 흔적이 나타났으며 가야 세력들 사이에서는 가장 힘이 강했던 대가야 왕릉의 피순장자가 다른 가야 왕릉보다 많았다. 이를 통해 연구자들은 많은 수의 사람을 순장한 무덤 주인공일수록 더 높은 지위를 누렸을 것으로 추측하며 문헌 자료가 없는 가야의 사회구조 해명에 착수했다.

함안 말산리에 분포하는 아라가야 왕과 왕족의 무덤은 1990년대에 국립가야문화재연구소에 의해 본격적으로 발굴조사되었다. 당시 부산 동아대학교에 근무하던 필자는 강의가 없는 토요일만 되면 차를 몰고 함안으로 달려갔다. 당시는 토요일에도 근무하던 시절이었기에, 가야문화재연구소 조사원들은 어김없이 발굴조사를 진행하고 있었다. 왕릉으로 추정되는 초대형 무덤에는 거대한 뚜껑 돌이 얹혀 있었고, 도굴의 흔적은 발견되지 않았다. 조사원들은 한껏 기대하는 눈치였다. 함안의 아라가야는 고령의 대가야, 김해의 금관가야와 함께 '가야 빅3'에 꼽히지만 관련된 문헌 기록이 거의 없는 형편이었다. 그렇기에 많은 연구자는 도굴되지 않은 이 무덤의 뚜껑 돌이 열리면 아라가야 역사를 복원할 만한 자료가 쏟아져 나올 것이라 기대했다. 더딘 작업 과정이었지만 3주 동안 지속해서 현장을 방문했고 마침내 나의 소원이 이루어졌다. 조사를 담당하던 이주헌 선생이 뚜껑 돌이 열린 무덤 내부를 보여준 것이다.

그러나 가슴 아프게도 거대한 무덤은 이미 완벽하게 도

굴당한 상태였다. 수천 점의 유물을 싹 쓸어간 도굴꾼들은 자신들의 행위를 기념하여 뚜껑 돌 아래에 붉은색 페인트로 '196X년, 부산 삼부자 다녀감'이라고 적어 놓았다. 부산에 살던 한 아버지와 아들로 구성된 가족 도굴꾼들이 가야 역사의 한 페이지를 무참히 찢어버린 것이다. 한번 도굴당한 유물은 훗날 되찾더라도 출토 당시의 상황을 알 수 없기 때문에 C급 자료로 전락한다. 하물며 도굴당한 아라가야의 유물들이 어디로, 얼마나 멀리 퍼졌는지 알 수 없다. 불행 중 다행으로 도굴꾼들은 돈이 되지 않는 인골을 그대로 두고 떠났고, 주인공의 발치 쪽에서 5구의 인골을 발견했다. 이들은 16~18세 정도 되는 여성들이었다. 출토 인골은 순장 연구를 본격화하는 초석이 됐다.

이후 가야 고분에서 순장 인골이 계속 발견되자 과학적인 방법으로 뼈를 분석하면서 새로운 사실을 알게 되었다. 대부분의 연구자는 순장당하는 자를 선험적으로 '비참한 처지에 놓여 있는 노예'라 인식했으나 정작 그 인골들의 영양 상태는 식물성 음식과 동물성 단백질을 골고루 섭취해 균형 잡힌 경우가 많았다. 심지어 귀걸이 같은 귀금속제 장신구를 착장한 경우도 있었으니 만주 부여 사회에서 100명

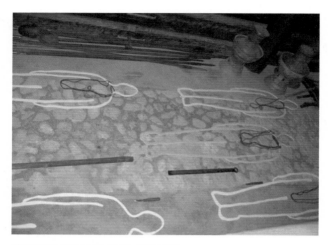

김해 대성동 고분군에서 발견된 순장의 흔적

단위로 대규모 순장을 하던 것과는 양상이 달랐다. 이러한 차이를 볼 때 동물을 희생하듯 많은 사람들을 순장하던 초기 고대 사회가 무덤의 주인과 가까운 관계의 비교적 안정된 생활을 하던 소수를 순장하는 단계의 사회로 변했음을 알 수 있다. 즉 고대 사회가 성숙하면서 순장의 규모를 축소했을 뿐 아니라 순장당하는 자의 사회적 신분도 달라진 것이다. 이렇게 시대에 따라 순장의 양상은 변화했다.

앞서 중국도 상나라 시기에는 수많은 전쟁 포로를 짐승

처럼 죽여 순장했지만, 점차 그 수를 줄여나갔다고 언급했다. 그렇다면 후대에 순장당했던 소수는 어떤 사람들이었을까? 여기에서 참고할 수 있는 자료가 토용 혹은 도용이라고 부르는 흙인형이다. 유명한 진시황릉 병마용갱에는 임금을 지키기 위한 수도방위사령부 군인들을 묘사해 등신대 흙인형을 매납했다. 한나라 이후에는 흙인형 크기를 크게 줄이는데 호위 무사와 대야나 수건을 챙겨 들고 있는 시녀, 빗자루 들고 있는 시녀가 눈에 띈다. 흙인형은 순장당할 사람들을 표현한 것이므로 만약 실제로 순장했다면 지근거리에서 주인을 모시던 시녀나 시종이 그 대상이 됐을 것이라는 사실을 알 수 있다. 따라서 함안 말산리의 왕릉에서 발견된 5명의 어린 여성 순장자들은 아마도 아라가야 왕의 시녀였을 것이다.

순장 무덤에는 별별 가슴 아픈 스토리가 함께 묻혀 있다. 경산 임당동 고분군에서 발견된 여러 기의 순장 무덤 중 금동관을 쓴 어린아이를 위해 순장당한 나이 많은 여성은 젖먹이 시절부터 돌보던 어린 주인이 사망하자 함께 매장당한 유모로 추정된다. 저승에서도 어린 왕족을 잘 보살펴달라는 의미로 순장했을 것이다. 한편 DNA를 분석한 결

경주의 통일신라 우물에서 나온 유물

과, 한 무덤에서는 어린 딸과 아버지가 함께 순장당한 경우
도 있었다.

　꼭 순장이 아니더라도 인간의 목숨을 희생한 여러 사례
가 있다. 경주에서는 왕성인 월성을 만들면서 성벽 안에 남
녀 한 쌍을 매장한 흔적이 발견됐다. 성을 축조하면서 사람
을 희생제물로 삼았던 것이다. 경주 국립박물관 부지에서
는 통일신라시대의 우물 안에서 어린아이 뼈와 소갈비짝
이 함께 발견됐다. 이에 대한 해석은 두 가지인데, 하나는
어린아이를 동물과 함께 희생시켰다는 것이고, 다른 하나
는 추락사한 어린 영혼을 위로하기 위해 소갈비를 제물로

바쳤다는 것이다.

어느 것이 사실일지 지금으로서는 선뜻 선택하기 어렵지만, 미래에 과학적 연구가 해답을 줄 것이라 기대한다. 확실한 사실은 인간 존엄성에 대한 고대 사회의 인식은 현재와 비교할 수 없을 정도로 낮았다는 것이다. 따라서 고대 사회를 유토피아처럼 그려서는 안 된다. 소수의 지배 집단이 사회적 특권과 부를 독점하고 대다수의 백성은 고통 속에서 젊은 나이에 비참하게 생을 마친 경우가 많았다. 순장된 인골들은 고대 사회의 내면을 숨김없이 생생하게 보여준다.

매장 프로세스부터 가족관계까지 복원한 인골 연구

인골을 통한 연구는 과연 어디까지 확장될 수 있을까? 자연과학과 의학의 발달로 종전에는 꿈도 꾸지 못하던 깊이로까지 지적 여행이 이어지고 있다. 죽음에서 매장에 이르는 과정을 추적하면 당시 사회가 죽음을 어떻게 바라봤는지, 죽은 자는 어디로 간다고 생각했는지, 죽은 자가 무덤 안에서 어떤 상태로 있길 바랐는지 등을 밝혀낼 수 있다. 하나의 무덤에서 여러 구의 인골이 출토되면 연구는 더욱 더 흥미로워진다. 매장 프로세스를 규명하는 동시에 친족 관계까지 밝힐 수 있기 때문이다. 조선시대의 경우 각종 문헌에 많은 자료가 남아 있어 죽음과 관련된 여러 예법이 소상히 밝혀졌으나 삼국시대는 도움이 될 만한 문헌 자료가 거의 남아있지 않아 오로지 무덤과 인골을 통해 연구를 추진한다.

우리보다 이런 주제에 조금 빨리 착수한 일본 학계의 성공담을 들어보자. 일본 규슈 남부 가고시마와 미야자키에서는 지하식 횡혈묘라는 독특한 무덤이 성행했다. 이 무덤은 지면을 수직으로 파고 내려간 후 수평으로 굴을 팠기에, 옆에서 보면 마치 'L'자와 같은 형태이다. 갱도 끝에 방을 만들어서 이 안에 여러 구의 시신을 넣는 구조인데 한번 닫히면 외부의 공기가 완전히 차단되기에 내부의 인골은 물론이고 철기와 유기질 유물들이 고스란히 발견되는 경우가 많다. 마치 지금 막 넣은 것 같이 완벽한 상태로 출토되는 철제 갑옷과 무기는 일본의 갑주와 무기 문화 연구에 큰 몫을 담당했다.

놀랍게도 이 무덤 안에서 발견된 파리알과 구더기가 역사 연구에 도움을 주는 희한한 일이 발생했다. 지하식 횡혈묘에서 출토된 인골과 유물을 관찰하던 중에 검정파리과에 속하는 파리알과 구더기의 흔적이 발견된 것이다. 이 파리는 죽은 사람과 동물의 살을 뚫고 들어가 알을 낳고 부화시키는 습성을 가지고 있는데, 그 기간이 6일 정도 걸린다고 한다. 밀폐된 지하 공간에서 이 파리알과 구더기가 발견되었으니, 6일 정도 공기와 접하는 외부 공간에 시신이 놓여 있었음을 말해 주는 것이다. 즉 사망에서 매장에 이르는 과정중 6일 이상 시신이 외부에 모셔졌으며 이는 빈소를 베풀었음을 의미한다. 파리알과 구더기가 사망에서 매장까지 어떤 일이 일어났는지 알기 어려웠던 고대 상장제 연구에 큰 공헌을 한 셈이다.

이 이야기를 접하고 부러운 마음을 품은 지 얼마 지나지 않아, 우리나라에서도 유사한 사례가 보고되었다. 6세기 초 무렵 영산강 유역을 호령하던 최고 실력자의 무덤인 전라남도 나주 정촌 고분군에서 인골을 발견했는데, 무덤 주인이 신고 있던 금동신발에 남아 있는 발목뼈에서 검정파리 번데기 껍질이 발견된 것이다. 역시 나주에서도 사망에서 매장까지 6일 정도 빈소를 설치하였을 가능성이 높은데, 이 무덤은 굴식 돌방무덤이기 때문에 일본 규슈의 지하식 횡혈묘처럼 완벽한 진공 상태를 유지하지 못했을 수도 있다. 따라서 매장이 끝난 후 파리가 들어갔을 수도 있고, 돌방이 폐쇄되기 직전에 들어간 파리가 며칠간 살아남아 부화했을 가능성도 있다. 지금 상태에서는 다양한 가능성을 열어 놓아야 하지만 이런 사례가 더 축적되면 매장 프로세스를 상세히 밝히는 연구를 진행할 수 있을 것이다.

한편 이 무덤의 주인공이 건장한 남자일 것이라는 예상을 뒤엎고 키가 146센티미터 정도 되는 작은 체형의 40대 여성이란 점도 확인되었다. 지배자가 당연히 남성일 거라 추측했던 선입견이 잘못되었음이 증명된 것이다.

정촌 고분군 바로 옆에 인접한 복암리 고분군과 영동리 고분군에서는 하나의 무덤 안에서 여러 명의 인골이 나왔는데, 가족 관계 연구에 알맞은 대상이다. 복암리 3호분은 흔히 아파트형 무덤이라 불릴 정도로 오랜 시기에 걸쳐 많은 매장이 진행되면서 수많은 사람이 묻힌 특이한 형태이다. 그중 1996년도에 발굴조사해 96호 석실이라 불린 돌방 내부에는 항아리로 된 4개의 옹관이 돌방의 네 모퉁이에 배치돼 있었다. 그 안에는 각각 남녀 인골이 묻혀 있었는데, DNA 분석 결과 그들의 관계가 모계로 이어진 친족

일 가능성이 높다는 결과가 나왔다. 당시만 하더라도 무덤에 묻힌 남녀는 곧 부부라는 선입견이 강할 때여서 남매간 혼인이라는 주장이 대두되었다.

그러나 모계 혈족인 남녀의 관계는 모자나 남매 외에도 외삼촌과 여자 조카, 외할머니와 남자 손자, 이모와 남자 조카 등 매우 다양하다. 필자는 합장묘가 곧 부부묘라 생각하는 타성적 견해가 잘못되었음을 지적하면서 보다 넓은 범위의 친족일 가능성을 주장했다. 같은 무덤에 묻혔지만 부부가 아닌 경우는 흔하며, 심지어는 가족이 아닌 경우마저 있다는 일본 고분시대 친족 연구 결과가 알려지면서 우리는 다시 연구를 시작했다. 이와 같이 복암리 사례는 DNA를 활용한 초기 인골 연구의 문제점을 잘 보여준다. 첫술에 배부를 수는 없는 법. 당연히 시행착오를 거치면서 연구는 진전된다.

복암리 인근 영동리에서도 돌방 하나에 4명이 매장된 무덤이 조사되었는데, 인골의 잔존 상태가 매우 좋았다. 그런데 인골의 왼팔과 오른팔 위치가 바뀌거나 손가락 뼈의 순서가 뒤바뀐 현상이 관찰되었다. 이는 시신이 무덤에 묻히기 전 외부에서 상당 시간을 보내면서 살이 썩었고 이후 뼈를 추리는 과정에서 나타난 실수다. 혹은 좁은 돌방에 먼저 모신 시신과 나중에 모신 시신을 한군데로 모으는 과정에서 발생한 실수일 수도 있다. 인골에서 DNA를 추출해 분석한 결과 모계 친족 관계에 있는 남녀가 연속해서 매장되었음이 밝혀졌다. 부부 합장을 하던 무령왕릉 등 백제의 중앙지역과 달리 지방사회에서는 별도의 원리에 의해 매장이 이루어졌음이 밝혀진 것이다. 앞으로는 DNA를 이용한 연구로 문헌 자료와 고고학적 유물만으로는 도저히 풀 수 없던 고대의 가족 구성과 친족 관계를 풀어나갈 것이다.

공주 단지리에서는 규슈 남부의 지하식 횡혈묘와 북부의 횡혈묘를 닮은 무덤들이 집단으로 발견됐다. 무덤 안에 많은 인골이 있었고 그들의 정체는 학계의 수수께끼로 떠올랐다. 공주는 당시 백제의 수도가 있던 곳이기에 왜계 무덤이 집단으로 발견됐다는 것 자체가 고대 한일관계사와 유관한 문제였다.

여기에는 역사적인 사정이 있다. 문주왕의 아들인 삼근왕이 어린 나이에 사망한 후 백제 왕실은 새로운 왕으로 동성을 택한다. 그런데 동성은 일본에서 태어나고 자랐으며,

당시 일본에 거주하고 있었다. 왕이 되기 위해 백제로 돌아올 때 그는 규슈 출신 호위병 500명과 함께 이동했다. 이들의 운명은 어찌 되었을까? 일부는 임무를 마친 후 자신의 고향으로 돌아갔을 것이고, 일부는 타향살이를 하다가 수명을 다해 백제 땅에 묻혔을 것이다. 그렇다면 단지리 횡혈묘에 묻힌 인물들은 혹시 동성왕을 호위하던 규슈 출신 무사들이 아닐까? 이런 의문이 생기는 것은 당연하다. 게다가 출토된 토기 중 일부는 일본제 토기와 아주 닮아 있었다. 이런 이유로 단지리 피장자들이 왜인일 가능성이 대두되었고 DNA 분석 결과를 기대하게 했다.

아직 속 시원한 결과는 나오지 않았다. 이런 분석을 위해서는 기본적으로 기초 데이터를 많이 확보해야 하므로 결과 분석까지 시간이 필요하다. 당시 일본 규슈 지역에서 살던 왜인의 DNA와 공주에서 살던 백제인의 DNA 데이터를 많이 확보한 후에야 비교 연구가 가능한 것이다. 그러나 좀 더 시간을 갖고 기다리면 데이터가 쌓이고 의미 있는 결론이 나올 것이니, 영영 해결할 수 없는 문제는 아니다.

그들이 꿈꾸던
사후세계의 재구성

순장과 후장을 실시한 진짜 이유

신라의 황남대총이 5세기 무렵에 죽은 왕의 무덤이란 데 동
의하지 않는 연구자는 없다. 다만 그 주인공이 내물(402년
사망), 실성(417년), 눌지(458년) 중 누구인가에 대해 의견
이 나뉠 뿐이다. 황남대총은 전체 길이가 120미터나 돼 규
모 면에서 삼국시대 최고이며 부장품의 양과 질 역시 단연
최고 수준이다. 왕은 남분에, 왕비는 북분에 묻혔고 남분과
북분이 표주박 혹은 낙타 등처럼 연접한 이 무덤에서는 순
장의 흔적도 확인됐다. 남분의 주인공은 노년의 남성인데
이 남성을 모시라는 의미로 순장된 듯한 젊은 여성의 인골
이 발견된 것이다. 『삼국사기』에 의하면 지증왕이 순장을

금지한 502년 전에는 국왕이 죽으면 남녀 각 5명씩을 순장했다고 한다. 황남대총에서 남녀 각 5인의 인골이 발견된 것은 아니지만 5세기까지 신라 왕실에서 순장을 한 것은 문헌적으로나 고고학적으로나 분명한 사실이다.

황남대총은 대표적인 후장묘로 무덤을 크게 만드는 데 필요한 노동력과 제물은 물론 부장품으로 온갖 종류의 물건들을 아낌없이 쏟아부었다. 무덤에서 발견된 여러 벌의 금동관과 금관, 목걸이와 허리띠, 팔찌, 반지, 신발 등의 장신구와 토기, 철기의 양이 어마어마하다. 금과 은으로 만든 그릇을 보고 있자면 눈이 휘둥그레진다. 그중에서도 가장 놀라운 것은 말을 탈 때 사용하는 안장과 발걸이에서 볼 수 있는 푸른 형광 물체이다. 비단벌레를 잡아 날개 수천 개를 이어 붙이고 그 위에 화려한 무늬를 투조해 금판을 씌운 것이니, 요즘 시중에 판매되는 명품이 제아무리 고가라도 이에 비할 수 있을까? 이같은 후장품들은 아무나 누릴 수 없는 휘황찬란함을 자랑한다. 그렇다면 우리 선조들은 왜 이렇게까지 장례에 막대한 투자를 했을까? 바로 이승의 안락함이 저승까지 이어진다는 계세繼世사상 때문이다.

황남대총에서 발굴된 막대한 양의 부장품. 국보 제191호 황남대총 북분 금관(위쪽), 국보 제192호 황남대총 북분 금제 허리띠(가운데), 각종 부장품들(아래쪽).

고대인들은 재물과 노동력을 무리하게 쏟아부어서라도 거대한 무덤을 만들어 영원한 안락을 누리고자 했다. 수백 개의 무덤으로 구성된 고령 지산동 고분군의 위용은 사실 고령이라는 좁은 분지의 자원을 쥐어짜내 만든 허상인지도 모른다. 5~6세기에 걸쳐 가야 사회에 계세사상이 널리 퍼지면서 순장, 후장을 특징으로 하는 대형 무덤을 경쟁적으로 축조했으니, 한정된 가야 사회의 자원은 점점 고갈되어 갔을 것이다.

고령보다도 더 작은 세력에 불과했던 합천 다라국의 순장도 결코 이에 뒤지지 않았다. 옥전 M3호분이라고 명명된 다라국 왕릉에서는 고령 지산동만큼의 순장자가 발견되지는 않았지만 쇠도끼 수십 점, 말 갑옷과 투구, 사람 갑옷과 투구, 용과 봉황을 화려하게 장식한 고리자루칼이 4점이나 나왔다. 비슷한 시기의 백제 무령왕릉에서 용봉문 고리자루칼이 한 점밖에 나오지 않은 점을 고려하면 옥전 M3호분의 후장은 분명 지나치다. 아마 망자의 내세를 위해 현세의 삶을 망가뜨린 것이다.

이후 신라 지증왕이 502년에 순장을 폐지하면서 후장의 풍습도 사라져갔다. 경쟁적으로 대형 무덤을 축조하던 신라의 사회적 분위기는 6세기 이후 완전히 달라졌다. 순장과 후장을 폐지하고 현실 세계의 삶에 무게를 두면서 산성을 축조하고 군사력을 키운 것이다. 반면 가야는 여전히 종전의 장례 풍습을 버리지 못했다. 어찌 보면 가야는 망하고 신라는 흥하게 된 이유가 여기에 있는지도 모른다. 중국에서 순장이 사라진 배경에는 유교의 영향도 있겠으나 많은 사람을 아깝게 희생시킬 바에야 노동을 시키거나 군대로 동원하는 것이 낫다는 현실적 이유가 작용했다. 진시황릉의 병마용갱을 떠올리면 쉽게 이해된다.

고대인들은 사후세계를 어떻게 인식했을까

한나라 이후 중국에서는 불로장생하는 약과 선도仙桃를 갖고 있어 장생을 주관한다는 서쪽의 여신 서왕모를 찾아가 신선이 되는 것을 인생 최고의 목표로 삼았다. 삼국시대의 혼란을 거쳐 전란이 장기화 됐고, 남북조 시기에 이르자 고달픈 현실 세계를 염세적으로 바라보는 풍조가 깊어지며 신선이 되고픈 욕망이 심화되었다. 중국 강소성 남경과 단양 일원에 분포하는 남조 황제와 황족들의 무덤 앞에는 상상의 동물 한 쌍을 배치하는 것이 원칙으로 자리잡았다. 이

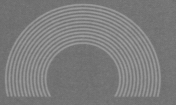

사유의 새로운 지평

Philos 시리즈

인문·사회·과학 분야 석학의 문제의식을 담아낸 역작들
앎과 지혜를 사랑하는 사람들을 위한 우리 시대의 지적 유산

arte

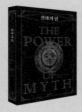

Philos 001–003

경이로운 철학의 역사 1-3

움베르토 에코·리카르도 페드리가 편저 | 윤병언 옮김

문화사로 엮은 철학적 사유의 계보

움베르토 에코가 기획 편저한 서양 지성사 프로젝트
당대의 문화를 통해 '철학의 길'을 잇는 인문학 대장정

165*240mm | 각 904쪽, 896쪽, 1,096쪽 | 각 98,000원

Philos 004

신화의 힘

조셉 캠벨·빌 모이어스 지음 | 이윤기 옮김

왜 신화를 읽어야 하는가

우리 시대 최고의 신화 해설자 조셉 캠벨과
인터뷰 전문 기자 빌 모이어스의 지적 대담

163*223mm | 416쪽 | 32,000원

Philos 005

장인: 현대문명이 잃어버린 생각하는 손

리처드 세넷 지음 | 김홍식 옮김

"만드는 일이 곧 생각의 과정이다"

그리스의 도공부터 디지털 시대 리눅스 프로그래머까지
세계적 석학 리처드 세넷의 '신(新) 장인론'

152*225mm | 496쪽 | 32,000원

Philos 006

레오나르도 다빈치:
인간 역사의 가장 위대한 상상력과 창의력

월터 아이작슨 지음 | 신봉아 옮김

"다빈치는 스티브 잡스의 심장이었다!"

7,200페이지 다빈치 노트에 담긴 창의력 비밀
혁신가들의 영원한 교과서, 다빈치의 상상력을 파헤치다

160*230mm | 720쪽 | 68,000원

Philos 007

제프리 삭스 지리 기술 제도:
7번의 세계화로 본 인류의 미래

제프리 삭스 지음 | 이종인 옮김

지리, 기술, 제도로 예측하는 연결된 미래

문명 탄생 이전부터 교류해 온 인류의 70,000년 역사를 통해
상식을 뒤바꾸는 협력의 시대를 구상하다

152*223mm | 400쪽 | 38,000원

Philos 018

느낌의 발견: 의식을 만들어 내는 몸과 정서

안토니오 다마지오 지음 | 고현석 옮김 | 박한선 감수·해제

느낌과 정서에서 찾는 의식과 자아의 기원

'다마지오 3부작' 중 두 번째 책이자 느낌―의식 연구에
혁명적 진보를 가져온 뇌과학의 고전

135*218mm | 544쪽 | 38,000원

Philos 019

현대사상 입문: 데리다, 들뢰즈, 푸코에서
메이야수, 하먼, 라뤼엘까지 인생을 바꾸는 철학

지바 마사야 지음 | 김상운 옮김

인생의 '다양성'을 지키기 위한 현대사상의 진수

이해하기 쉽고, 삶에 적용할 수 있으며,
무엇보다도 마음을 위로하고 격려하는 궁극의 철학 입문서

132*204mm | 264쪽 | 24,000원

Philos 020

자유시장: 키케로에서 프리드먼까지,
세계를 지배한 2000년 경제사상사

제이컵 솔 지음 | 홍기빈 옮김

당신이 몰랐던, 자유시장과 국부론의
새로운 기원과 미래

'애덤 스미스 신화'에 대한 파격적인 재해석

132*204mm | 440쪽 | 34,000원

Philos 021

지식의 기초: 수와 인류의 3000년 과학철학사

데이비드 니런버그·리카도 L. 니런버그 지음 | 이승희 옮김 | 김민형 추천·해제

서양 사상의 초석, 수의 철학사를 탐구하다

'셀 수 없는' 세계와 '셀 수 있는' 세계의 두 문화,
인문학, 자연과학을 넘나드는 심오하고 매혹적인 삶의 지식사

132*204mm | 626쪽 | 38,000원

Philos 022

센티언스: 의식의 발명

니컬러스 험프리 지음 | 박한선 옮김

따뜻한 피를 가진 것만이 지각한다

지각 동물, '센티언트(Sentients)'의 기원을 찾아가는
치밀하고 대담한 탐구 여정

135*218mm | 340쪽 | 30,000원

동물들은 사악한 외부의 침입으로부터 무덤을 지키는 동시에 사자의 영혼을 서왕모에게 데려가는 역할을 담당한다. 무덤 안에 배치된 진묘수 역시 유사한 기능을 지녔다. 백제 무령왕릉 내부에 진묘수를 배치하고, 토지의 신에게 묘지를 구입한다는 관념상의 거래문서가 발견된 것을 보면 백제 왕실도 신선 사상을 공유했음을 알 수 있다.

고구려 고분 벽화 중 신선 세계와 도교적 내세관을 표현한 것이 종종 보이는데 이도 같은 의미를 지닌다. 풍수에 입각한 무덤의 입지, 좌청룡, 우백호, 북현무, 남주작 등 사신을 무덤에 그리는 관념 또한 신선 사상, 도교적 내세관과 상통한다.

한편 이와 달리 죽은 자가 거주한다는 황천국을 믿은 내세관도 존재했다. 이를 현실적으로 표현한 것은 지하 깊숙하게 자리한 굴식 돌방무덤이다. 중국에서 기원한 황천국 사상은 굴식 돌방무덤이란 새로운 묘제와 함께 한반도를 거쳐 일본으로 전해졌다. 신화를 기록한 『일본서기』 신대편의 이자나기와 이자나미 이야기는 이 황천국 사상을 보여주는 대표적 신화이다. 이 신화에서 이자나기와 이자나미는 천지를 창조한 부부로, 이자나미는 불의 신을 낳다가 화상을 입어 사망한다. 이자나기는 아내를 찾아 황천^{黃泉}으로 들어가게 되지만, 황천에서 얼굴이 변해버린 이나자미를 만나게 된다. 그 후 우여곡절 끝에 황천에서 빠져나온다는 이야기다.

이 이야기는 굴식 돌방무덤이 일본 열도에 처음 도입된 이후 왜인들이 느낀 두려움과 놀라운 감정, 그리고 황천국에 대한 인식을 잘 보여준다. 굴식 돌방무덤은 추가장을 원칙으로 했는데, 추가장이 이루어질 때마다 안치한 친지의 시신을 봐야 했다. 당연히 왜인들은 컴컴한 무덤 방에서 부패되어 가는 친지의 모습에 반가움을 느꼈으나, 곧 두려움에 사로잡혔을 것이다. 매장을 마치고 무덤을 빠져나올 때에는 자꾸 뒷덜미가 곤두서는 경험을 했을지도 모른다. 이자나기가 지하 세계인 황천으로 내려가는 과정은 땅속에 마련된 굴식 돌방으로 들어가는 과정을 상징하며, 도망쳐 나오는 과정은 긴 통로를 통해 무덤 바깥으로 나오는 것을 의미한다. 컴컴한 돌방 안에서 부패된 시신을 본 뒤 밖으로 나오는 과정에서 느낀 공포와 안도감은 이렇듯 신화로 자리 잡았다. 황천의 음식을 먹었기 때문에 황천 사람이 되어서 나갈 수 없다는 이자나미의 이야기는 저승의 음식을 먹

일본 아스카의 굴식돌방무덤(위쪽)과 사비기 백제 돌방무덤(아래쪽)

은 후에는 이승으로 돌아올 수 없다는 황천국의 관념을 보여준다. 실제로 한반도와 일본 열도의 굴식 돌방무덤 중에는 조리 용기를 작게 만들어 명기 형태로 부장한 무덤들이 많다. 무덤 내부를 황천국으로 만들고 죽은 자가 황천의 음식을 먹도록 배려했던 것이다.

대형 고분의 시대에서 불교 사원의 시대로

고대인들의 내세관을 바꾼 결정적인 사건은 불교의 도입과 공인이다. 살생을 금하는 불교 교리를 따르게 된 신자들에게 순장은 용납하기 어려운 풍습이 됐다. '공수래공수거'라는 가르침을 생각하면 무덤에 많은 부장품을 넣는 일이 부끄럽게 여겨졌을 것이다.

중국과 한반도, 일본은 시대의 흐름에 따라 공통적으로 무덤 크기를 줄이고, 후장과 순장을 박장과 토용으로 대체했다. 황천국이나 신선 사상 등의 내세관이 유행하던 시기에는 거기에 맞춰 무덤의 규모나 구조, 장례 풍습의 변화를 맞이했다. 대형 왕릉을 축조하던 재원과 인력은 불교 사원과 탑을 축조하는 데에 쏟아부었다. 무덤을 축조하는 데 쏟던 에너지를 종교시설 건축으로 옮긴 것이다.

고구려에서는 광개토대왕 시기인 4세기 말 평양에 9개의 사찰을 건설했다. 백제의 위덕왕은 567년에 부왕인 성왕의 영혼을 위로하는 능사를 축조했고, 10년 후 자기 아들의 죽음을 위로하는 왕흥사를 축조했다. 금당에는 부처를 모시고 탑에는 부처님의 진신사리를 모셨다. 사리를 탑에 봉안하는 것이 부처님을 모시는 것과 동일시되면서 유리병, 금그릇, 은그릇, 황동단지 등 최고급 용기를 사용했다.

왕릉을 만드는 과정에서 빚어지는 소음과 순장당하는 사람의 비탄으로 그득하던 신라의 수도 경주에는 황룡사와 분황사 등 수많은 사찰이 세워져 불국토가 구현됐다. 초대형 무덤을 축조하던 토목기술과 건축기술, 화려한 부장품을 만드는 금속기술은 사찰과 탑 그리고 불상과 각종 공양구를 만드는 기술로 변했다. 사회가 바뀐 것이다. 대형 고분의 시대에서 불교 사원으로의 이행은 다시 말해 고대 사회에서 중세 사회로의 이행을 의미한다. 한편 무덤과 인골이 들려주는 생생한 이야기는 중세 사회에서 또 다른 형태로 계속된다.

어떤 무덤은 평지에, 또 어떤 무덤은 구
릉 위에 자리 잡고 있다. 무덤 위치를
결정하는 기준은 무엇이었나?

신라의 경우 초기 단계에는 시내 외곽의 구릉에,
4~5세기에는 경주 평야에, 6세기 이후에는 다시
주변 구릉에 무덤을 마련했다. 이렇게 무덤이 이
동한 이유는 경주 시내에 궁궐, 사원, 관청, 도로
등으로 구성된 계획도시를 만들기 위해서였다.

시내 중심부에 만들었던 수백 개의 고분이 새
로운 도시를 만드는 데 방해가 되자 기존의 왕릉

은 그대로 둔 채 바둑판 모양의 수도를 만들고 이후에 짓는 왕릉은 모두 주변 산에 자리 잡도록 한 것이다. 따라서 6세기 이후 경주 시내에서 신라 고분이 발견되는 것은 아주 드문 일이다.

한편 4~6세기의 가야 고분은 예외 없이 구릉 위나 야산의 경사면에 만들어진다. 당시 김해 평지는 바닷물이 들어와서 사람들이 생활할 수 없는 곳이었다. 그래서 마을과 무덤은 모두 구릉이나 야산 위에 자리잡았다. 금관가야 왕릉인 김해 대성동, 왕성인 봉황동유적이 모두 구릉 위에 있는 이유가 여기에 있다.

그렇다면 내륙에 위치한 대가야의 무덤은 왜 산꼭대기에 지었을까? 그 이유는 능선 좋은 곳에 왕릉과 귀족무덤을 장엄하게 배치해서 백성들에게 지배층의 우월한 지위를 과시하기 위함이다. 중국 길림성 집안시에 있는 고구려의 왕릉들은 예외 없이 압록강에서 가장 눈에 잘 띄는 지점에 자리하고 있다. 또 무덤의 정면은 동서남북을 따른 것이 아니라 압록강의 흐름과 직교하도록

해서 강에서 무덤을 볼 때 가장 돋보이게 했다. 이
처럼 무덤을 만드는 장소는 한 가지 기준에 의한
것이 아니라 복합적 기준에 따라 결정했다.

백제의 무덤에서는 부장품이 전혀 출토되지 않았는가?

신라나 가야에 비해 백제 고분 부장품이 양적으
로 적기는 하지만 전혀 없는 것은 아니다. 한성기
에는 토기류 몇 점과 귀금속 장신구를 부장하는
경우가 많았다. 지방의 수장급 무덤에는 종종 많
은 양의 토기와 철기를 부장했다. 웅진기의 무령
왕릉에서는 예외적으로 많은 유물이 발견됐지만,
다량의 토기와 철기를 부장하는 신라, 가야의 후
장과는 다른 양상을 보인다. 한편 사비기에 들어
가면 허리띠나 머리에 쓰는 관모가 가끔 발견될
뿐 부장품다운 유물은 거의 없는 것이 특징이다.
왕릉에는 좀더 화려한 장신구를 부장했을 테지만

심하게 도굴당했을 가능성이 높다.

도굴의 역사는 아주 유구해서 이집트에서는 피라미드를 만들 때부터 도굴이 심하게 행해졌다고 한다. 무왕의 쌍릉은 고려 때 이미 도굴을 당했다는 기록이 남아 있다. 그러나 수백 년 동안 쌓인 흙을 파내야 하는 도굴 과정에서 말끔하게 유물을 쓸어가기는 어렵기에, 조심스럽게 흙을 채질하다 보면 도굴꾼들이 흘리고 간 유물들을 발견하는 경우가 많다.

그러나 전체적으로 백제는 신라나 가야처럼 엄청난 양의 부장품을 무덤에 넣지는 않았다. 후장과 순장을 가장 많이 시행한 나라는 신라와 가야이며, 고구려는 순장 대신 주인공을 위해 봉사할 인물들을 벽화에 그려 넣는 것으로 대신했다. 백제와 고구려는 무덤을 크게 만들고 순장하는 풍습을 비교적 빨리 없애는데 그 이유는 불교를 빨리 수입한 것과 관련된다.

인골을 발굴하고 연구를 할 때마다 각
분야별 전문가를 모집하는가? 아니면
조직된 팀이 존재하는가?

학술 발굴을 시작할 때 미리 전공 분야별 전문가
를 조직할 수 있다. 그러나 아쉽게도 우리나라에
서는 그리 많은 학술 발굴이 이루어지지 않고 있
다. 압도적 다수를 차지하는 것은 개발의 파도 앞
에서 급하게 이루어지는 구제 발굴이다. 공사 착
수 전, 마치 전시에 야전병원을 운영하듯 진행하
는 이 발굴조사에서 가장 중요한 미덕은 신속함
이다. 한정된 예산과 시간으로 최대의 성과를 올
리는 것이 목표가 된다.

그러나 경주 월성이나 서울 풍납토성처럼 중요
한 유적을 학술 발굴할 때에는 충분한 시간과 예
산 확보는 물론 최고의 전문가들로 팀을 구성해
발굴조사를 시행한다. 대개 전체를 총괄하는 담
당은 공신력 있는 국공립 기관이 맡는다. 현재 경
주 월성에서는 국립경주문화재연구소가 발굴조

사를 전담해 장기간 치밀한 조사를 진행하고 있다. 고고학자와 역사학자만이 아니라 당시 환경을 복원할 식물학자, 동물고고학자, 인골 전문가 등이 함께한다. 앞으로 진행하는 유적 발굴조사에는 고고학자만이 아니라 다양한 분야의 자연과학자와 공학자들이 더 많이 참여할 것이다.

3부 _____

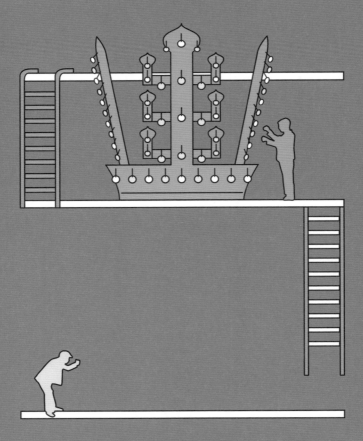

수도유적,

삼국의
심장이

깨어나다

앞서 살핀 것처럼 고대 사회는 지배자와 피지배자, 순장자와 피순장자가 엄격히 구분되는 사회였다. 삶의 여건도 수도와 지방 사이, 즉 영위하는 공간에 따라 크게 달랐다. 과거에도 유토피아는 존재하지 않았던 것이다. 특히 삼국시대의 도성 혹은 왕성 등을 일컫는 수도유적은 심장부 역할과 동시에 모든 차별의 발원지로 자리했다. 3부에서는 삼국의 수도유적을 면밀히 살펴 고대 국가의 진면목을 확인할 것이다.

작은 취락이
거대한 도시가 되기까지

수도유적과 방어시설, 고대 국가 출현의 상관관계

수도유적이란 용어는 역사학 영역에서 다소 생소한 표현으로 왕궁과 왕성, 도성과 왕경 등을 포괄하는 의미를 지닌다. 그러나 수도유적이 아우른 다양한 내용을 영어로 번역하면 모두 'royal palace'나 'royal capital'이란 단어로 귀결된다.

수도유적은 우리 몸의 심장부같이 중요한 역할을 담당했다. 요즘은 '글로컬'이라는 표현이 생겨날 정도로 지방 또한 수도 못지않은 발전을 이루지만, 더 먼 과거일수록 중앙과 지방 간에는 여러 면에서 차이가 컸고 역할도 달랐다. 따라서 중앙인과 지방인, 왕경인과 지방민의 경계가 뚜렷했으며 차별이 발생했다. 수도에 거주하는 사람들은 특별한 혜택을 누렸는데, 예를 들어 경주에 사는 사람들은 벼슬길에 오를 때도 '경위京位'라 부르는 그들만의 트랙을 따랐고 지방민들은 '외위外位'라는 트랙을 거쳐야 했다. 그리고 이와 같은 차별은 수도유적으로부터 비롯했다.

유네스코에 등재된 세계문화유산의 압도적 다수가 수도 혹은 수도와 관련된 유산이라는 사실에 주목해보자. 대부분의 사람에게 익숙하거나 잘 알려진 유적 혹은 유산의 대부분은 한 왕조의 수도거나 왕궁이다. 이처럼 대부분의 수도유적은 세계문화유산에 걸맞은 가치를 지니고 있다. 그래서 지금도 많은 국가가 자국 내 소재한 역사상의 수도유적을 유네스코 세계문화유산에 등재하기 위해 많은 노력을 기울이고 있다. 2018년에 한국의 '산사, 한국의 산지승원'이, 2019년 '한국의 서원'이 연거푸 세계문화유산으로 지정된 것은 이례적인 사건이다.

삼국시대의 수도는 대개 유적지구 단위로 세계문화유산에 등재되었다. 1995년 '석굴암과 불국사', 2000년 '경주역사유적지구'가 등재되었고, 2015년에는 '백제역사유적지구'를 등재하는 데 성공했다. 고구려의 경우 중국과 북한이 치열하게 경쟁했는데, 2004년 중국은 '고대 고구려 왕국의 수도와 고분군'을, 북한은 '고구려 고분군'을 나란히 등재하는 데 성공했다. 결국 삼국시대의 여러 국가 중에는 가야만이 세계문화유산에 등재되지 못한 상태다. 가야의 수도유적 발견과 조사 연구가 미흡한 현실을 고려해 현재는 '가야고분군'이란 반쪽짜리 형태만이라도 등재 운동을 벌이고 있는 상태다. 정부와 지자체, 학계가 힘을 모아 가야의 수도유적을 찾기 위해 노력하고 있기에 조만간 좋은 성과를 낼 수 있으리라 기대한다.

다시 본론으로 돌아와 수도유적과 방어시설의 관계를 살펴보자. 인체의 심장에 비유되는 수도유적은 늘 방어시설과 궤를 같이하며 발전했다. 인류 역사에서 마을을 방어하는 데 큰 노력을 기울이기 시작한 시기는 청동기시대다. 이때부터 마을 간 힘과 위상 차이가 발생하기 시작했기 때문이다. 다른 마을보다 규모가 큰 동시에 정치, 경제, 문화의 중심이 되는 마을은 등장과 동시에 생산시설과 교통망, 물류, 제의시설 등을 독점하기 시작했다. 이때 방어시설을 강화한 이유는 굳이 설명할 필요가 없을 것이다. 막강하게 성장한 마을은 마침내 한 고대 국가의 왕성으로 자리매김하며, 이 마을의 지도자가 곧 국가를 다스리는 왕좌에 오른다.

따라서 왕이 살던 왕성, 즉 수도유적을 발견하면 온갖 귀한 정보와 쏟아져나오는 자료를 얻을 수 있다. 특히 우리나라 삼국시대의 수도유적에서는 중국이나 일본 혹은 저 멀리 서역이나 동남아시아에서 들여온 물건이 출토될 확률이 매우 높다.

이런 과정을 거치다 보니 왕성이나 수도의 건립은 고대 국가의 출현을 알리는 동시에 지배구조를 정비하겠다는 신호탄과 같았다. '나는 왕, 너는 신하' 혹은 '나는 귀족, 너는 평민' 같은 지위나 신분 차이를 시각적으로 표현하기 위해 높은 누각을 짓고, 지붕에 기와를 올리면서 굵은 나무 기둥에 붉은 칠을 했다. 왕성과 왕궁 등 수도유적이 고대 국가의 지배구조를 가시적으로 상징하는 대표 장치였던 셈이다. 관리들은 왕궁보다 환경이 조금 못한 관청에서 일했고, 백성들은 어마어마한 규모의 건축물을 올려다보며 국가권력과 왕권을 실감했다. 후에 고대 국가는 수도유적을 필두로 종교유적과 왕릉이란 삼박자를 갖추며 국가적 면모를 갖추게 된다.

한편 최고 권력과 기술을 상징하는 고대 국가의 왕성들은 서로 긴밀한 영향을 주고받았다는 특성을 보인다. 발해의 상경성은 당나라의 장안성을 빼닮았고, 일본 나라현 남부 아스카 지역의 초기 왕성은 백제의 것을 빼닮은 식이다. 그래서 수도유적을 집중적으로 연구하면 고대 국가들이 주고받은 문화적 교류 양상을 확인할 수 있다. 이래저래 수도유적은 고대 국가의 다양한 면모를 설명하기에 가장 좋은 소재다.

환호와 방어취락

청동기시대부터 인간은 금속기를 사용하기 시작했으며 쌀농사를 짓고, 무기를 사용해 집단 간 경쟁을 일삼았다. 인간이 인간을 집단적으로 살상하는 전쟁도 이 시기에 시작했다. 외부의 적으로부터 마을을 지키기 위해서는 방어시설이 필요했고 이와 함께 방어 원리, 전략 등도 등장했다. 마을 외곽에 깊은 구덩이를 파고, 그 과정에서 나온 흙으로 토담을 쌓으며, 그 위에 나무로 담장을 세우는 방식은 세계 어디에서나 유사하게 나타났다. 이러한 시설물을 차례로 환호, 토루, 목책이라고 부르는데, 삼자는 하나 혹은 둘, 때로는 셋이 한 벌을 이루며 외적의 침략으로부터 마을을 지켰다.

일본의 대표적인 환호취락인 요시노가리는 일본 야요이시대를 대표하는 유적으로 환호를 갖춘 방어취락이자 거점취락이며 동시에 일본 최초의 도시로 여겨진다. 이곳에서는 환호와 토루, 목책을 모두 발견할 수 있었으며 바깥쪽에는 마치 철조망처럼 보이도록 뾰족한 나무를 심어 적이 쉽게 접근하지 못하도록 했다. 이런 철조망 시설은 부여 송국리의 청동기시대 취락에서도 발견되었다.

그런데 사실 방어취락에서 벌어진 야요이시대의 전쟁은 한반도로부터 전해진 것이다. 일본이 쌀농사를 짓고, 환호를 돌린 방어취락을 세우며, 전쟁과 금속기, 전염병 등을 접하도록 한 무리는 한반도 남부에서 대거 이주한 사람들이었다. 특히 부여 송국리 유적을 대표로 하는 송국리 문화는 본격적으로 쌀농사를 짓던 청동기문화로, 시간상으로 야요이 문화의 형님 격이라 할 수 있다.

그런데 환호와 방어취락에 대한 연구는 우리보다 일본에서 먼저 시작했다. 다시 한번 강조하지만 일본의 야요이 문화와 방어취락은 한반도 남부 금속기문화를 통째로 이

식한 것이다. 따라서 야요이 문화의 기원지인 한반도 남부에서도 환호와 방어취락이 발견되어야 마땅했다. 그러나 1980년대까지도 한반도에서 발견된 환호취락이 없다 보니, 일본 환호취락의 기원지는 한반도가 아니라 중국이란 주장마저 나오기 시작했다. 그러다 1990년 초 울산의 한 골프장 부지에서 극적으로 청동기시대 환호취락을 발견했으니, 이것이 우리나라에서 최초로 모습을 드러낸 검단리 환호취락이다. 이후 봇물 터지듯이 곳곳에서 환호취락이 발견되었다. 그중 창원 남산리 유적은 산 위에 입지해 있으며, 깊이 3미터가 넘는 V자 모양의 환호가 방어취락의 면모를 여실히 보여준다.

이처럼 환호를 짓지 않더라도 높은 산 위에 위치하면서 방어력을 최대로 높인 고지성 취락이 발달하기도 한다. 대전의 보문산 유적은 해발고도가 457미터나 돼 일반인은 쉽게 올라갈 수 없을 정도인데, 정상부에서 초기 철기시대의 유물이 발견됐다. 이는 당시 사람들이 높은 산 위에 거주했음을 보여준다. 극단적인 고지성 방어취락의 한 사례다.

모든 국가가 일제히 청동기시대에 환호 등의 방어시

일본 야요이시대의 환호(위쪽)와 V자 모양의 창원 남산유적 환호(아래쪽).

설을 갖춘 것은 아니다. 중국의 경우 발굴조사를 통해 이미 신석기시대부터 환호를 만들었다는 사실이 알려졌다. 그러나 환호만으로 마을을 방어할 수 있는 것은 아니며 환호가 곧 방어취락을 의미하는 것인가 하는 데 찬반이 있다. 오히려 환호는 가축이 도망가지 못하게 하거나 야생동물이 마을로 들어오지 못하게 하는 용도였을 것이란 주장도 있으며, 마을의 안과 밖을 구분하는 시설에 불과하다는 주장도 있다. 진정한 방어취락은 평지가 아니라 방어에 유리하도록 험준한 산 위에 있어야 한다는 주장도 제기되었다. 이처럼 높은 산 위에 지은 고지성 취락은 훗날 산성으로 계승된다.

앞서 언급한 요시노가리에서는 환호가 감싼 거대한 마을 안에 또 다른 환호를 지어 특별히 위계가 높은 사람들만 그 안에 거주했다. 왕성과 왕궁의 효시인 셈이다. 한편 한국에서는 오랫동안 이런 시설이 발견되지 않아 이것이 일본의 독특한 고안물인가 하는 궁금증을 더했는데, 최근 발굴조사된 강원도 춘천 중도의 청동기시대 유적에서 방형의 내부 환호가 발견되면서 의문은 말끔히 해소되었다. 요시노가리 마을에는 거주공간 이외의 공간에 논과 각종 수

공업 공방, 제사 공간 등을 두었는데 부여 송국리 유적에서 그 기원을 찾을 수 있다. 송국리 유적에서는 집자리만이 아니라 온갖 종류의 방어시설과 제사 시설, 비파형 동검을 부장한 우두머리의 무덤 등이 발견돼 세계적으로 유명한 유적으로 자리 잡았다.

취락의 발전과 계급의 탄생

청동기시대부터는 신석기시대까지 이어져 오던 평등한 사회가 깨지며, 잘 사는 사람과 못사는 사람으로 나뉜다. 가진 자와 못 가진 자, 가진 집단과 못 가진 집단 간의 대립, 사회적 갈등, 긴장된 분위기 등이 청동기시대를 대변하는 이미지인 것이다. 이때부터 등장한 환호취락은 지속해서 발전한다. 방어적인 측면을 강조한 취락은 산 위로 올라가고, 많은 주민이 사는 취락은 나지막한 구릉 위에 마련된다. 환호는 방어기능 외에도 마을 안팎을 나누는 역할을 했는데, 이 때문에 수도 안에 사는 중앙인과 바깥에 사는 지방인을 구분 짓는 차별의 시발점이 됐다. 이렇게 발전한 취락을 중심취락 혹은 거점취락이라고 부른다.

이후 사람들은 대규모 취락을 형성하며 모여 살게 된다.

그 이유는 무엇이었을까? 앞에서도 언급했지만, 외적으로부터 마을을 보호하기 위한 방어의 목적이 컸을 것이다. 한편 경제적 요인도 작용했다. 철제 농기구가 발달하지 않은 상황에서 성공적으로 쌀농사를 짓기 위해 많은 노동력이 필요했다. 또 농경지를 확보하기 위해 자연림을 벌목하고 토지를 개간하는 일, 효과적으로 물을 관리하기 위해 수리 시설을 확충하는 일 등 공적 사업에 많은 노동력이 동원되어야 했다. 따라서 소규모의 자연 발생적 취락에 머무르지 않고 자연스럽게 취락의 규모가 커졌을 것이다.

2세기 말~3세기 전반에 걸쳐 일본 최초의 여왕으로 재위했던 히미코의 수도가 규슈에 있었는지, 나라현에 있었는지를 둘러싼 논쟁이 100년 이상 이어져 오고 있다. 이 논란을 증폭시킨 것은 요시노가리 유적인데, 이곳에 히미코의 왕궁이 있었다는 주장이 강력하게 대두됐다. 그러나 이에 반대해 나라현 마키무쿠 유적이야말로 히미코의 왕성이라는 견해가 팽팽하게 대립하고 있다.

요시노가리 유적을 발굴조사하며 일본 고고학과 고대사 분야에 또 다른 파문이 일어났다. 서양 고고학계는 금속기의 출현과 동시에 도시가 발생한 시점을 문명의 시작이라 보며, 이때 고대 국가가 출현했다고 말한다. 반면 일본 고고학계는 사가의 요시노가리, 오사카 간사이공항 근처에 있는 이케가미소네, 나라의 카라코카기 등의 거대취락들이 단순한 농경 마을이 아닌 진정한 의미의 도시였다고 주장한다. 이에 따르면 일본 최초의 고대 국가는 야요이시대에 출현한 것이 되며 실제 연대로 환산하면 고대 국가 발생 시기가 기원전 4세기 무렵까지 올라간다. 기존의 통설을 완전히 뒤엎는 주장이다. 하지만 도시라면 규모만 커지는 게 아니라 그 안에서 삶을 영위했던 사람들의 직업 분화가 나타나야 하는데, 앞의 유적들은 농촌 마을의 생활상을 보여줄 뿐 진정한 도시 생활의 모습을 보여주지는 않는다. 그런 연유로 일본의 주장은 세계 학계의 지지를 얻지 못했으나, 일본은 여전히 고대 왕성 전 단계에서 나타난 거대취락의 출현에 주목하고 있다.

우리나라의 경우 울산 검단리에서 환호취락을 발견하면서부터 취락고고학 연구를 본격적으로 시작했다. 지금은 아파트 숲으로 변해버린 화성 발안리 유적은 발안천이란 하천 주변에 형성된 거점 취락인데 이 유적을 통째로 발굴한 결과, 3~4세기 무렵의 마을 구조를 완전히 파악할 수 있었다. 환호는 없었지만 여러 채의 집자리들이 무리를 이루며 분포했는데 어떤 단위는 제법 큰 규모의 집을 여러 채 두고 창고까지 마련한 모습을, 어떤 단위는 변변한 철기도 없이 소수의 집자리로만 구성되었다. 즉 한마을 안에서도 가구원의 숫자와 경제력 면의 격차를 보이는 것이다. 이런 현상은 비단 발안리만의 경우가 아니라 전국적으로 발생한 현상으로 도시 발생의 직전 모습을 보여준다.

삼국시대 왕성과 지방도시 형성사

청동기시대에서 철기시대로 진입할수록 사회 불평등은 심화되는 한편, 지역의 거점취락은 방어력을 더하며 도시적인 속성을 갖췄다. 그중 소수는 마침내 왕성으로 발전했는데, 자연스레 우두머리는 왕이 됐다. 그 일족이 거주하는 가옥은 왕궁이 됐으며, 왕궁 주변에 통치기관인 관청을 두었다. 무질서했던 마을 내부에 크고 작은 도로와 상하수도를 지었으며 점차 계획도시의 면모를 갖추자 자연스럽게 인구가 몰려들었다. 결국 수도의 규모는 종전의 거점취락과는 비교할 수 없을 정도로 커졌다.

고구려의 경우 요령성 환인에서 시작해 좀 더 넓은 길림성 집안을 거쳐, 최종적으로 평양에 수도를 건립한다. 수도를 옮기며 주변 경관이 달라지는 양상은 고구려사 변화와 맥을 같이 한다. 서울에서 가장 위계가 높은 마을은 송파구에 자리한 풍납토성과 몽촌토성이며, 두 개의 성을 한 벌로 묶은 수도가 바로 백제의 위례성, 혹은 한성이다. 475년 백제는 고구려군의 공격에 의해 한성을 함락당하지만 곧 웅진(공주)과 사비(부여)로 수도를 천도하면서 고도로 발달한 도시체제를 갖춘다. 신라의 경우에는 경주 월성을 거점취락이자 왕성으로 삼아 발전하면서 점차 국력을 키워나갔다. 또 인구가 증가하자, 왕권을 강화하며 동서남북 방향으로 바둑판처럼 땅을 나누는 지할 방식을 통해 도로를 배치하고 거주 단위를 나눈다. 여기에 각종 관청과 수많은 사찰을 조직적으로 배치해 왕경을 완성했다. 궁궐과 왕성을 조직적으로 배치해 정연한 수도를 마련한 것이다.

백제의 마지막 수도인 사비도성, 고구려의 마지막 수도인 장안성도 경주 월성과 마찬가지로 바둑판 모양의 질서 정연한 토지 구획에 나섰다. 그 결과 이런 수도유적에서는 굳이 땅을 파지 않고도 항공 촬영만으로 정연한 도시의 흔적을 볼 수 있다. 통일신라 시기에는 경주만이 아니라 9주

5소경이라고 해서 지방 여러 곳에 거점을 두고 경주 왕경의 축소판을 만들어 지방 통치의 중심지로 삼았다. 진주, 상주, 광주, 남원, 청주, 충주, 원주 등 유서 깊은 도시들은 대개 9주 5소경의 후신이다.

해동성국, 즉 중국 동쪽에 있는 매우 강력하고 발전한 나라라 불리던 발해는 자체적으로 역사책을 남기지 못했다. 중국과 일본 사서에 단편적인 내용이 남아 있지만, 이 것만으로 국가의 성격을 알기에는 부족한 형편이다. 그런데 중국 흑룡강성 영안시에서 상경용천부 터를 발굴하며 조금이나마 아쉬움을 덜게 됐다. 발해는 다섯 개의 수도를 유지했는데 그중에서 가장 크고 중요한 곳은 상경이었기에, 그 터를 발굴조사하며 8세기 무렵 동북아시아 최대의 수도로 자리했던 발해의 왕성과 왕궁, 주작대로, 사찰을 발견한 것이다. 규모가 당나라의 장안성 못지않은 상경성의 북쪽에는 삼릉둔이라고 하는 왕릉군이, 서편에는 홍준어장 고분군이라고 불리는 일반 하급 관리들의 무덤이 남아 있다. 왕성과 왕궁, 사찰과 묘역을 정연하게 배치한 모양은 동아시아 수도유적의 전형적인 모습을 보여준다. 따라서 발해를 이해하려면 다른 무엇보다 상경용천부를 한번 답사하는 것이 효과적이다.

과거 남북한 관계가 우호적이었던 때, 남북 학자들이 개성에 있는 고려 왕궁터를 함께 발굴한 적이 있었다. 그때 이런 수도유적을 건설하는 기술력이 고려시대까지 이어진 모습을 확인할 수 있었는데, 고려의 수도인 개성은 2013년도 '개성의 역사기념물과 유적'이란 이름으로 유네스코 세계유산에 등재되었다.

지금까지 언급한 것은 모두 중앙도시지만, 거대한 방어시설을 갖춘 도시는 지방에도 존재했다. 3세기 무렵 경기도 지역의 최강세력은 화성시에 길성리 토성을 축조했다. 서울의 몽촌토성과 닮은 형태와 동일한 면적을 지닌 이 성 주위에는 여러 마을이 위성처럼 배치되어 있다. 진정한 거점취락이 형성된 것이다. 성안에 살던 지배층들이 묻힌 무덤에서는 백제 중앙에서 사여한 금동관과 금동신발이 발견됐다. 이를 통해 문헌 자료 없이도 지역사 연구를 활발하게 진행할 수 있었다.

한편 길성리처럼 대규모의 토성을 축조한 것은 아니지만 세종시에서는 취락 안에 자신의 가옥만을 위한 도랑을 두르고, 외관을 멋지게 꾸미며, 창고에 잔뜩 물건을 쌓아놓은 고위층 호화주택이 발견되기도 했다. 지금은 과거의 지명이 됐지만, 연기 나성리 유적이라 이름 지어진 이곳에서는 금강과 미호천 유역을 무대로 성장한 지방 우두머리의 삶을 엿볼 수 있다. 이런 지방 도시들은 형성 초기에는 중앙의 수도와 경쟁했지만, 국가체제를 정비할수록 독자성을 상실해 중앙에 종속된 지방 도시로 강등되었다.

도성의 축조와
세계문화유산으로의 길

백제의 기술로 일본의 산성을 쌓다

중국 요령성 환인에는 고구려를 건국한 주몽이 건설한 왕성이라 추정되는 오녀산성이 있다. 국가를 세우며 경사가 90도에 가깝도록 가파른 바위산 위에 왕성을 세웠다는 것은 당시 항상적으로 전쟁이 일어났다는 방증이다.

고구려, 백제, 신라, 가야는 모두 주변 세력 혹은 중국과 치열한 전쟁을 치렀다. 그러니 방어취락이 빠르게 발전했음은 물론이고 이를 발전시켜 산성을 만든 것이다. 왕성 자체가 산성의 형태를 취한 고구려의 오녀산성과 환도산성 외에도 평지에 있는 왕성을 보호하기 위해 주변에 위성처럼 여러 개의 산성을 배치했다. 때로는 새로 정복한 지역을

혼강에서 본 고구려 최초의 왕성인 오녀산성(왼쪽)과 오녀산성 정상으로 향하는 계단(오른쪽)

통치하기 위해, 때로는 외적과의 항쟁을 위한 군사적 요충지에도 산성을 쌓았다. 그 결과 삼국시대에 건설된 산성의 수는 셀 수 없을 정도로 많다. 어떤 연구자의 통계에 따르면 남한 지역에만 2000개가 넘는 성이 존재한다. 조선 전기의 문신이자 학자였던 양성지梁誠之는 나라를 지키는 10가지 방책 중 '성보를 수선하고 관방을 정하는 일'을 거론하는데, 이를 달리 말하면 성곽을 잘 관리하는 것이다. 즉 삼국시대 이후 조선시대까지 산성을 축조하고 관리하는 일은 중요 국방 사항에 포함됐다.

반면 우리의 삼국시대에 해당하는 일본의 고분시대에

는 산성을 쌓지 않았다. 야요이시대에 존재했던 수많은 고지성 취락이나 방어취락이 다른 형태로 발전하지 못한 것이다. 대신 성을 축조할 에너지를 무덤 축조에 쏟아부어 일본 열도 곳곳에 전방후원분이란 형태의 무덤을 축조했는데, 그 규모에 따라 집단의 위계를 결정지었다. 결국 일본 고분시대의 권력은 공통적인 형태의 고분을 축조하고 공동의 제사를 치르며 강화된 정서적 유대에서 비롯된 것이었다. 우리의 삼국시대처럼 축성사업을 통해 영토를 확장하고 백성을 지배하는 방식과는 완전히 다른 방식을 취한 것이다. 일본에는 중세에 들어서야 성이 출현하는데, 많은 백성이 함께 살기보다는 지역의 우두머리와 그 주변 인물들이 무리를 이루고 사는 형태로 발전했다.

그렇다면 일본의 산성은 언제 처음 세워졌을까? 규수 북부에는 고고이시神籠石라는 유적이 존재하는데 이는 커다란 돌을 기초로 깔고 그 위에 물성이 다른 흙을 켜켜이 다져 판축성벽을 올린 것이다. 군데군데 석축한 부분도 있고 배구수를 마련한 곳도 있는데 전체적으로는 한반도의 산성에서 기원한 것이 분명하며, 축성 시기는 7세기 무렵으로 추정된다. 이와 유사한 조선식산성朝鮮式山城은 663년 백제의 부흥 운동이 완전히 실패로 끝난 후 쌓은 것이다. 당나라와 신라가 연합해 공격할 것이라는 위협을 왜 정권이 느끼며 대마도와 규슈, 오카야마 등 오사카로 이어지는 길목에 산성을 쌓아 대비한 것이다. 산성을 쌓은 기술자들은 백제계 유민들이었다. 고고이시와 조선식산성은 일본에서 본격적으로 산성이 출현하던 시기의 모습을 보여주는데, 모두 백제 사비기 성곽 축조술을 발휘해 지은 것이라 할 수 있다.

일본에서 산성이 뒤늦게 출현한 이유는 여러 가지가 있지만 기술적인 측면을 무시할 수 없다. 산 위에 석성을 쌓으려면 채석장에서 돌을 깨서 운반한 후, 깎아지른 듯한 경사면을 또 깎아 돌을 쌓아야 한다. 최고의 토목기술과 건축기술이 필요한 것이다. 이를 위해서는 노동력의 징발과 관리가 필요하며 석재와 목재, 철물과 기와 등의 온갖 자재를 수급할 수 있어야 한다. 전방후원분이라고 하는 대형 고분은 많이 만들었지만, 본격적인 성곽 건설 경험이 없던 왜 사회에서는 백제 관리와 기술자의 도움 없이는 산성을 쌓을 수 없었을 것이다. 산성보다 훨씬 더 많은 공을 들여야 하는 수도유적 건설에 관해서는 더 말할 필요가 없다.

유네스코 세계문화유산이 된 삼국의 수도유적

고구려 관련 유산 중 현재 유네스코 세계문화유산에 등재된 것은 두 건인데, 2004년에 북한이 등재한 '고구려 고분군'은 평양 지역에 있는 고구려 후기 유산이다. 평양은 고구려 최후의 수도로, 이때 건설한 왕릉과 귀족묘가 문화유산으로 지정됐다. 이외에도 북한은 2000년에 '평양 역사지구'란 명칭으로 평양과 관련된 선사 유적부터 고조선, 고구려, 고려에 걸친 다양한 유적 전체를 유네스코 세계문화유산으로 등재하려 노력했지만 20년이 지난 지금까지도 본선을 통과하지 못하고 있다. 진정성에 문제가 있는 단군릉을 포함했으며, 평양을 중심으로 한 대동강문명론을 부각시켰다는 점에서 앞으로도 세계 학계의 공감을 얻기는 어려울 것이다. 한편 2004년에 중국이 등재한 '고대 고구려 왕국의 수도와 묘지'는 고구려 전기 유산으로서 환인에 있는 오녀산성, 집안에 있는 국내성, 환도산성, 태왕릉을 비롯한 40기의 능묘로 구성되어 있다. 졸본성과 국내성 시기의 수도유적인 셈이다. 그중 오녀산성은 고구려 건국 초의 왕성 후보로 유력한 곳이고 국내성은 평지에 쌓은 석성으로서 환도산성과 짝을 이루고 있다. 즉 이 유산의 핵심은 수도유적에 왕릉과 귀족묘를 더한 형태라는 것이다.

신라의 경우 1995년에 이미 '석굴암과 불국사'가 등재되었고, 2000년에는 '경주역사지구'가 등재되었다. 경주역사지구는 남산의 불교 유적과 월성의 왕궁, 대릉원지구의 왕릉, 황룡사, 산성 등 다섯 개의 지구로 구성되어 있다. 월성지구는 현재 발굴조사를 진행 중인데, 사료에 드러나지 않는 중요한 사실들이 쏟아져나오고 있다. 월성 내부에는 건축한 시기가 다른 관청과 왕궁으로 추정되는 대형 건물들이 위아래로 중첩되어 있는데, 장기적인 발굴조사를 통해 왕궁을 찾아낼 계획이다. 한편 성을 보호하는 시설인 해자에서는 다양한 유기질 유물이 발견되었으며, 왕경의 행정 업무 형태를 보여주는 목간과 나무 방패, 소형의 배 모형, 곰을 필두로 다종의 동물 뼈가 발굴돼 많은 사람의 관심을 끌었다.

경주는 신라 1000년 동안의 수도로 자리했기에 곳곳에서 끊임없이 발굴조사를 진행 중이다. 월성과 왕릉지구, 왕경지구, 사원을 계획적으로 조사하고 있으며 건설공사를 실시하기 전에는 사전에 반드시 발굴조사를 진행하도록 의무화해 일 년 내내 새로운 정보와 자료를 얻고 있다. 국립박물관은 일제강점기에 졸속으로 조사한 금관총과 금령총을 재조사하고 있으며, 최근 황남동의 대형 고분에서 금동신발이 출토되었다. 이 지역은 지금도 발굴조사 중이기에 조만간 또 우리를 놀라게 할 소식이 전파를 탈 것이라 기대한다.

백제 유산은 2015년 '백제역사유적지구'란 이름으로 세계유산 등재에 성공했지만, 그 과정은 쉽지 않았다. 우선 지역 간 불균형이 문제였다. 공주, 부여, 익산은 오래전부터 등재를 준비했기에 지역주민들의 전폭적인 지지를 얻었으나 서울은 풍납토성에 거주하는 주민들의 재산권 침해 문제로 거센 반발을 맞았다. 그 결과 백제의 전 역사를 보여주지 못한 채 웅진기와 사비기에 해당하는 유산만을 등재한 반쪽짜리 유산으로 전락했다. 공주와 부여, 익산 사이에도 각 지역 유산을 몇 개씩 신청 목록에 넣을 것인지를 둔 힘겨루기가 있었으나, 결국 공주는 두 군데(공산성, 송산리 고분군), 부여 네 군데(부소산성과 관북리 왕궁터, 정림사지, 능산리 고분군, 나성), 익산 두 군데(미륵사지, 왕궁리성)로 정리되었다.

유산을 내용별로 살펴보면 부여는 나성과 왕궁, 왕릉과

사원 등 수도를 구성하는 중요 유산을 총망라해 목록에 올렸지만 공주는 사원, 익산은 왕릉을 빼고 목록을 구성했다. 공주에도 성왕이 세운 국가사찰인 대통사가 있지만 당시에는 소재지가 명확하지 않아 그 실체를 확실히 할 수 없었다. 익산의 경우 쌍릉의 대왕묘와 소왕묘를 무왕과 선화공주 부부의 무덤이라 추정하지만 명확한 증거를 갖추지 못했다. 그러나 그 후 대통사지의 위치와 성격을 찾는 발굴조사를 꾸준히 진행하고 있으며, 쌍릉 대왕묘와 소왕묘도 발굴조사를 통해 피장자에 대한 윤곽을 그려나가는 중이다. 따라서 세계유산 목록을 확장하는 형태로 장차 대통사지와 쌍릉이 포함될 가능성이 커지고 있다.

문제는 서울이다. 백제사의 이른 단계를 한성기라고 하는데, 이때는 서울 송파구 일대에 왕성을 뒀다. 온조왕, 근초고왕, 개로왕 모두 한성을 무대로 활동했기에 송파구와 그 주변에는 백제 유산이 많이 남아 있다. 풍납토성과 몽촌토성이 한 벌을 이뤄 한성이란 왕성을 구성했으며, 인근에 자리한 석촌동고분군은 백제 왕족과 귀족들의 집단 묘역이다. 불교 사찰은 아직 발견되지 않았지만 『삼국사기』 기사에 중국 동진에서 마라난타 승려가 백제로 오면서 불교를 전래했고 385년에 한산 아래쪽에 절을 지었다는 내용이 있다. 언젠가 이 사찰 발굴에 성공하면 왕성과 왕릉, 사찰의 삼박자를 갖춘 백제 한성기 유적지구의 세계문화유산 등재를 추진해볼 수 있을 것이다.

무령왕릉과 백제역사유적지구

금강 남안에 자리 잡은 공산성은 공주의 심장부이자 백제 웅진기(475~538년) 왕성이었다. 하지만 왕궁이 공산성 내부에 있는지, 아니면 외부에 자리 잡았는지에 대한 의견이 나뉜 상태로 왕궁의 위치를 찾는 조사가 한창 진행 중이다. 최근 공주대학교 박물관팀은 공산성 내부의 성안마을이란 곳을 조사하며 도로와 중요 건물을 많이 찾았고, 호화로운 옻칠 갑옷도 발견했다. 하지만 이곳은 왕궁이라기보다 부속 시설에 가깝다.

송산리 고분군은 웅진기 백제 왕실의 공동묘역이다. 여기에는 도굴되지 않은 채 발견된 무령왕 부부의 무덤인 무령왕릉도 자리하고 있다. 송산리 고분군은 굴식 돌방무덤과 벽돌무덤으로 구성되었는데, 그중 송산리 6호분은 무령왕릉 못지않게 정교하게 지어진 벽돌무덤이다. 하지만 심

공주 송산리 고분군(왼쪽)과 무령왕릉의 내부(오른쪽)

하게 도굴당한 상태로 발견됐기에, 여기에 묻힌 인물의 정체를 밝히지 못한 상태인데 여러 의견이 분분하다.

백마강이 흐르는 부여에는 왕궁으로 추정되는 관북리 유적과 왕궁의 후원 격인 부소산성 그리고 나성이 왕성과 왕궁의 경관을 한층 더 웅장하게 연출하고 있다. 나성은 마치 서울의 한양도성처럼 부여 읍내를 감싼 거대 구조물로, 성왕에 의해 건축되었다. 그는 좁은 공주를 벗어나 부여에 새로운 수도를 만들고 천도를 단행했는데, 평면이 반원 형태인 사비나성을 쌓아 수도 북쪽과 동쪽을 감싸도록 했고 백마강이 자연적인 방어선 역할을 하는 서편과 남편에는 굳이 성을 쌓지 않았다. 나성으로 둘러싸인 내부는 바둑판식으로 구획됐으며, 지금도 부여의 도로와 거리는 백제 당시 지할의 흔적을 보여준다. 한편 국가사찰 정림사는 왕궁인 관북리에서 남쪽으로 이어지는 중축선을 따라 현재의 부여 읍내 중심부에 세워졌다. 백제의 상징적 랜드마크였던 모양이다. 백제를 멸망시킨 당나라 소정방은 탑신부에 "위대한 당이 무도한 백제를 평정했다"란 내용의 전승기념문을 새겼다. 백제인들의 긍지를 짓밟기 위함이었을 것이다.

사비기 대부분의 왕은 나성 동편 능산리에 잠들었다. 관산성 전투에서 비명횡사한 성왕, 자신의 과오로 부왕이 처참한 죽임을 당하자 평생 트라우마를 안고 살았던 위덕왕의 무덤도 모두 능산리에 남아 있다. 웅진기의 전돌무덤과 굴식 돌방무덤의 장점만을 취해 평면은 장방형, 단면은 방형이나 육각형으로 설계한 뒤 잘 다듬은 거대한 판석을 짜맞춰 새로운 형태로 쌓은 무덤들이다. 풍수에 입각한 입지, 아담한 봉토, 봉토를 보호하는 호석, 박장을 한 것 또한 능산리 고분군의 특징이다. 앞에서도 이야기했듯이 사비기의 백제 지배층들은 무덤에 많은 재화와 노동력을 투입하는 대신 사찰 건축에 힘을 쏟았다. 과연 능산리 고분군 바로 서편에는 국보인 금동대향로와 석조사리감이 출토된

부여 능산리 동하총(위쪽)과 백제 금동대향로(아래쪽)

능사가 있다. 이 사찰은 성왕의 영혼을 위로하기 위해 만든 것으로 추정되며, 사비기 왕실의 원찰 기능을 담당한 것으로 보인다. 능사는 '백제역사유적지구'에서 제외된 상태지만 나성, 원찰, 왕릉으로 이어지는 사비기 수도의 한 면모를 보여준다.

백제 왕성과 왕궁에 대한 정보를 가장 많이 간직한 곳은 익산 왕궁리 유적이다. 이름부터 범상치 않은 이 유적은 무왕이 만든 신도시로 보인다. 성의 평면은 정사각형 두 개를 포개어 놓은 것처럼 남북 길이와 동서 폭이 2:1의 비율로 지어졌으며, 내부에 각종 시설이 배치돼 있다. 남쪽 절반은 공적인 공간으로서 통치를 위한 각종 시설을 들였고 그중 가장 큰 건물은 땅을 파고 흙을 다져 그 위에 기둥을 올리는 방식으로 지었다. 이는 적심석과 초석을 이용해 짓는 전통적인 건축물과 대비되는 백제식 건축의 특징을 보여준다. 이 건물은 정치의 중심지인 정전으로 추정된다.

그런데 크기와 구조, 형태가 거의 동일한 건물이 부여 관북리에서도 발견되었다. 왜 이런 일이 생겼을까? 익산에 새로운 수도를 만들려던 무왕이 죽은 후, 왕에 오른 의자왕이 다시 왕궁을 부여로 옮기면서 왕궁리 정전을 구성했던 기둥과 기와를 통째로 옮긴 것으로 추정하고 있다. 의자왕은 왕궁리 유적을 왕궁이 아닌 사찰로 변모시키고 목탑을 세웠다. 잘 알려진 왕궁리 5층 석탑은 이 목탑을 허문 후, 그 자리에 다시 세운 것이다. 이러한 과정을 거치면서 처음에는 왕성과 왕궁이었던 이곳은 불교 사찰로 변모하게 된다.

한편 왕궁리 성의 북쪽 절반은 사적인 공간으로 구성되었다. 파리의 베르사유 궁전에서 볼 수 있는 후원과 같은 원리로 지었다고 생각하면 이해하는 데 도움이 될 것이다. 후원 동편은 왕궁리 성 내에서 지대가 제일 높고 경관이 수려한데, 정원이 자리 잡고 있다. 산에서 흘러내리는 물을 모아 흐르게 한 수로, 중국 강남에서 수입한 진귀한 돌 어린석魚鱗石과 수석으로 꾸민 정원과 누각은 백제 왕족의 호사스러운 문화를 보여준다.

『양서梁書』라는 중국 역사서에 의하면 사비기의 귀족들은 고급스러운 귀족 문화에 탐닉했던 것 같다. 서성이라 불리던 중국 서예의 최고봉 왕희지가 죽은 후, 그의 서체를 가장 잘 재현했다 평가받던 황족 소자운의 글을 얻기 위해 백제인들은 서해를 건너 양쯔강까지 배를 타고 가 황금 30만

냥을 내고 글씨 30장을 받아 갔다 한다. 명필의 글씨에 아 낌없이 돈을 지불하던 백제인들에게 중국의 어린석은 정원 을 꾸미기 위한 필수품이었을 것이다.

반면 후원부의 서편은 아주 다른 성격의 시설물로 채워 졌다. 왕실에서 사용하거나 판매해서 이득을 취할 수 있는 최고급 물건을 만들던 공방 터가 남아 있는 것이다. 발굴된 유물을 볼 때 금과 유리를 생산했음을 알 수 있으며, 그 옆 에는 성 내부 관리나 기술자들이 사용하던 3개의 공중화장 실이 자리하고 있다.

일반인도 즐길 수 있는 유적 발굴 현장

익산 왕궁리 유적은 30년간의 발굴 끝에 전모를 드러냈다. 지금은 유적 주변에 자리했을 도로를 찾은 후 동쪽에 위치 한 제석사와 어떻게 연결되는지 밝히겠다는 목표로 발굴 조사를 이어가고 있다. 이를 통해 익산의 수도 전체 경관을 복원하려는 것이다. 이처럼 요즘은 유적이나 유산 하나만 을 발굴하는 것이 아니라 전체 경관을 복원하는 추세다. 서 편에 위치한 미륵사지에서는 20년이란 세월에 걸쳐 서탑 을 해체, 복원해 얼마 전 선을 보였다.

이렇듯 수도유적의 발굴조사는 1~2년 내에 끝나지 않는다. 최소 10년 이상, 길게는 40년 가까이 조사를 이어간다. 유네스코 세계유산 등재에 성공했다고 해서 조사와 연구를 마치는 것도 아니다. 공주 공산성, 송산리 고분군, 부여 관북리, 부소산성, 능산리 고분군, 익산 미륵사지와 왕궁리 유적 모두 후속 조사를 이어가며 새로운 정보를 발굴하고 있다.

국립경주문화재연구소는 월성에 엄청나게 많은 인력과 재원을 투입해 조사에 열을 올리고 있다. 성 외곽을 감싸며 보호하는 해자에서는 저습한 환경이 유지돼 유기질 유물이 많이 발견되는데, 수십 명의 작업 인원을 동원해 여기에서 나온 흙을 한 줌도 빠뜨리지 않고 일일이 물채질을 한다. 그 결과 흥미로운 유물들을 많이 발견했는데, 머리에는 터번을 쓰고 몸에는 카프탄 옷을 입은 소그드인 모양의 토제 인형이 대표적이다.

또 벼, 조, 피, 콩, 박 등의 식물 씨도 대거 발굴했는데 그중 가장 주목받은 것은 가시연꽃의 씨이다. 가시연꽃은 현재 환경부가 지정한 멸종 위기 식물 2급에 해당하며, 아무 곳에서나 서식하지 않는 희귀종이다. 7~8월에 주로 꽃을 피우고, 10~11월에는 열매를 맺는 이 식물은 식용이나 약용으로도 사용할 수 있다. 키가 2미터에 달할 정도로 큰 가시연꽃은 해자를 채운 수면 위에서 아름다운 풍경을 연출했을 것이다. 이러한 식물 유체 연구는 월성의 경관을 복원하는 데 한정하지 않고 신라의 고환경을 복원하는 방법으로 활용할 수 있다. 놀랍게도 발견한 씨앗 중에는 꽃 피울 가능성 있는 것이 섞여 있어 발아를 시도하고 있다. 성공할 경우 신라시대에 왕성을 조경하는 데 사용했던 관상용 연꽃을 실제로 볼 수 있을 것이다. 일본은 2000년 전 야요이시대에 경작하던 논에서 쌀알을 발견해 이를 발아시키는 데 성공했다. 야요이 쌀이란 품종은 이를 상품화한 것이다.

과거 우리나라에서는 속전속결로 발굴작업을 완료하는 데 급급했지만, 이제는 국민들과 함께 발굴 과정을 즐기는 방향으로 패러다임 전환을 꾀하고 있다. 월성 북편의 쪽샘 지구에서는 수년 동안 대형 고분을 조사하고 있는데, 고분 위에 우주선처럼 생긴 가건물을 씌워 비가 오나 눈이 오나 안정된 환경에서 발굴작업을 진행한다. 이런 까닭에 필자는 경주를 방문할 때마다 월성과 쪽샘 발굴현장을 방문해 새로운 성과를 보고 듣는다. 그리고 지인들이 경주를 방문할 경우 꼭 두 현장을 찾아가 보길 권한다. 일반 시민들이 발굴현장을 찾아가면 국립경주문화재연구소 전문가들의 상세한 설명을 들을 수 있기 때문이다.

서울의 몽촌토성과 석촌동 고분군도 일반인이 방문하면 언제든지 발굴현장을 관람할 수 있도록 시스템화했다. "아저씨, 여기 들어오시면 안 됩니다. 나가주세요!" 같은 말을 외치는 조사원은 이제 찾아볼 수 없다. 이제는 밀실에서 전투적인 자세로 속전속결 진행하는 발굴조사 대신 공개된 장소에서 여유를 갖고 교육과 관광 효과까지 누리는 방향으로 발굴조사가 전환되고 있다.

일본의 수도유적, 아스카와 헤이조쿄

일본 역사에서 592년~710년까지는 아스카시대에 해당한다. 이때는 나라현 남부에 있는 아스카 지역에 일본의 수도가 있었다. 아스카시대의 중요한 수도유적은 '아스카-후지와라: 일본 고대 수도와 관련 유산의 고고학적 유적'이란 이름으로 2007년에 유네스코 세계문화유산에 잠정 등재된 상태다. 왕궁과 처소, 관청과 정원, 사원과 무덤으로 구성된 이곳은 일본 최초의 본격적인 수도유적으로 여겨진다. 시간상으로는 우리의 삼국시대 후기와 중첩되는데, 백제를 통해 국가의 운영시스템과 선진기술, 불교사상을 받아들여 발전했다. 그 결과 아스카시대에는 사비기 백제 문화의 일본 버전이라고 할 수 있을 정도로 유사한 모습의 수도를 완성했다. 한편 이 시기에 단 두 기뿐인 일본의 벽화고분 다카마츠즈카高松塚와 키토라 고분이 만들어지기도 했다.

아스카시대 후기인 694년에는 한 변의 길이가 5킬로미터가 넘는 거대 규모의 후지와라쿄藤原京를 만들었다. 일본에서는 최초로 바둑판 모양의 구획을 갖췄으며, 가장 중요한 왕궁은 중앙에 배치했다. 수도의 이념적인 모습을 표현한 중국의『주례·고공기』는 왕궁이 중앙에, 관청은 왕궁 앞에, 시장을 왕궁 뒤에 배치한다고 기록했는데, 이와 같은 원리다. 그러나 중국에서는 왕궁의 위치를 차츰 북쪽으로 옮겨 황제가 북쪽을 등지고 앉아 남쪽을 바라보는 모습으로 변한다. 부여 사비도성의 경우 부소산성과 관북리가 북쪽에 치우쳐 있는데 반해 경주 월성은 수도 남쪽에 치우쳐 있다.

막대한 재원과 노동력을 쏟아부은 후지와라쿄는 불과 16년 만에 수명을 다한다. 710년 일본 조정은 나라현 북부로 수도를 천도해 헤이조쿄平城京시대를 여는데, 이때부터를 나라시대라 부른다. 8세기 우리나라는 통일신라와 발해가 공존하던 남북국시대에 해당한다. 당시 경주에는 거대한 신라 왕경이, 발해에는 상경용천부가 존재하면서 헤이조쿄와 거대한 수도유적의 위용을 경쟁했다. 헤이조쿄는 후지와라쿄와 달리 왕궁이 북쪽에 치우쳐있는데, 당나라의 장안성을 충실하게 모방한 것으로 평가된다. 아스카시대와 후지와라쿄가 백제 사비 문화를 닮았다면 나라시대의 헤이조쿄는 당나라 장안을 닮은 것이어서 비교하기 좋다. 아스카시대에서 나라시대로 이행하면서 대규모 수도를 건설한 것은 왕권과 국가권력이 성장하며 안정적인 국력을 갖춘 것을 의미한다.

헤이조쿄의 국가사찰은 수많은 관광객이 방문하는 도다이지東大寺이다. 이 절에 딸린 창고는 8세기 일본의 보물창고라 불리는 쇼소인正倉院으로 이곳에서 신라 촌락사회의 내면을 보여주는 촌락문서가 발견되었다. 호화로운 바둑판이 발견된 곳도 이곳이다. 그 외에도 서역과 당나라, 신라와 관련된 보물을 엄청나게 많이 소장하고 있으나 일본은 수십 년 째 매년 20점 정도만 공개 전시한다. 전체 유물을 공개하는 데만 집중하지 않고 연구와 보존 처리에 신중히 임하는 것이다. 한편 유물이 공개되는 매년 가을이면 전문 연구자들은 물론이고 일반 시민들이 전시장에 인산인해를 이뤄 유물을 관찰하며 공부한다. 이런 태도는 높이 평가받아 마땅하다.

도다이지를 건설하는 데에도 백제계 인물들의 역할이 컸다. 대표적인 인물이 행기行基라는 승려다. 그는 대규모의 사찰을 짓기 위해 많은 희생을 감수하는 백성들의 고통을 어루만지고 정신적으로 달래주며 빈민 구제사업을 벌였다. 그 결과 민심이 흉흉해지는 일이 미연에 방지되었다. 거대한 사원을 지은 기술자는 백제인이었으며, 대불에 쓸 금을 채취해 바친 이도 백제인이었다. 당시 백제는 망했지만, 백제계 유민들이 일본에서 활동하면서 건축 토목분야는 물론이고 불교, 회화, 음악 등 여러 분야를 주도하며 일본 고대 문명 발전에 크게 이바지했던 것이다.

백제의 왕도,
하남 위례성을 찾아내다

천 년의 논쟁을 종결시킨 두 토성의 발굴

475년 고구려 장수왕의 침략군에 맞서 치열하게 싸우다가 전세가 불리해지자 북성을 빠져나가 남성으로 향하던 개로왕은 고구려군에 의해 체포된다. 그는 한강을 건너 고구려 군사기지가 있던 아차산으로 끌려가 죽임을 당한다. 그리고 백제는 멸망했다.

당시 치열한 전쟁을 치뤘던 현장은 국내외 사서를 통해 북성과 남성, 대성과 왕성 등의 명칭으로 표현되며, 당시의 수도는 위례성과 한성이라 기록되어 있다. 이들의 관계를 풀기 위한 논쟁은 1000년 이상 지속되었으나, 성의 위치를 명확히 하는 데는 실패했다. 양주, 천안, 광주, 하남 등을 모조리 소환해봐도 자료가 부족했기 때문이다. 단편적인 문헌 자료를 토대로 억지로 문헌 고증을 하거나, 유적의 발음을 가지고 이리저리 맞추어 보는 등 초보적인 연구를 지속했지만 문제를 해결할 수는 없었다.

그런데 1925년 을축년 대홍수라 불리는 전대미문의 홍수로 인해 풍납토성 서벽이 무너지면서 중국에서 수입한 것으로 보이는 중요한 유물이 출토되었다. 그러나 이 성을 백제의 왕성으로 보는 연구자는 드물었으며, 오히려『삼국사기』에 등장하는 사성이라는 주장에 오랫동안 힘이 실렸다.

그러나 1980년대에 서울 몽촌토성과 하남 이성산성을 발굴조사하면서부터 대부분의 연구자는 하남 위례성이 있던 곳으로 몽촌토성과 이성산성에 주목하기 시작했다. 결국 1999년에 진행한 풍납토성 동벽 조사로 인해 위례성 위치 논쟁을 종결할 수 있었다. 전체 둘레 3.5킬로미터, 기저부 폭이 40미터 이상, 높이 12미터 이상인 초거대 토목구조물을 축조하며 동원된 노동력은 200만 명을 훌쩍 넘어섰다. 왕성이 아니고서야 이처럼 큰 규모의 성을 쌓을 이유가 없다.

김부식, 일연, 정약용 등 무수한 인물들이 찾으려 노력했지만 실패했던 위례성을 찾을 수 있었던 이유는 오로지 풍납토성 발굴조사 덕분이다. 잊혀진 백제 수도유적, 위례성의 위치를 찾는 천 년 논쟁을 마무리한 것은 고령의 위대한 역사학자가 아니라 젊은 고고학자였음을 밝히고 싶다.

혹자는 풍납토성의 규모가 일본의 헤이조쿄보다 작아서 결코 백제 왕성이 될 수 없다고 한다. 그런데 풍납토성의 축조 시기를 3~4세기 무렵이라고 보면 710년에 완성된 헤이조쿄보다 400년 이상 앞선 것이다. 동아시아 수도제의 발달 과정에서 3~4세기는 왕궁과 왕성만 짓던 시기로, 주변 지역을 바둑판식으로 나누는 지할은 유행하지 않았다. 중국에서도 바둑판 모양으로 구획한 거대 수도는 조조의 업성, 그리고 북위 낙양성에서 처음으로 등장했으며, 수와 당의 장안성에서 완성된다. 즉 장안성이나 헤이조쿄는 우리나라의 한양도성처럼 거대한 도시로, 내부에 여러 성과 궁을 배치한 것이기에 부여의 사비도성이나 경주의 신라 왕경, 발해의 상경용천부 같은 고대도시와 비교할 수 있다. 그러나 거대 도시가 출현하기 훨씬 이전에 지은 단일 토성인 풍납토성과는 비교 대상이 될 수 없다. 이는 마치 초등학생 씨름선수의 덩치가 왜 대학생 선수보다 작으냐고 추궁하는 꼴이다. 초등학생들은 초등학생끼리 경쟁해야 한다.

3~5세기 풍납토성과 동시대에 존재했던 동북아시아의 성곽으로 평양의 낙랑토성과 길림성 집안의 국내성, 경주의 월성, 서울의 몽촌토성, 대구의 달성, 청도의 이서국성과 최근 존재를 드러내기 시작한 가야의 여러 토성 등을 들 수 있다. 이 많은 성과 비교할 때 풍납토성의 규모는 압도적으로 크다. 고구려의 광개토대왕과 장수왕이 거주하던 국내성, 신라 진흥왕이 거주하던 월성보다도 훨씬 큰 규모를 자랑하니, 실상 나머지 성들과는 비교가 불가능한 수준이다. 3~5세기 무렵 중국 만주와 한반도의 수도유적을 통틀어 비교해도 풍납토성보다 규모가 큰 것은 없다. 따라서 규모가 작아서 백제 왕성이 아니라는 논리는 성립할 수 없다.

풍납토성이 절대 백제의 왕성일 리 없다고 주장하는 이들의 또 다른 논리는 한강변에 바짝 붙어 있어 수해에 취약하기 때문에 한 국가의 왕성으로는 부적절하다는 것이다. 물론 1925년 을축년 대홍수 때 풍납토성과 그 인근이 수해를 입은 것은 사실이다. 그러나 고지형을 분석해보니 현재 한강의 흐름은 근대 이후 많이 변형된 것이며, 과거에는 풍납토성이 지금처럼 한강변에 바짝 붙어 있지 않았다는 사실이 드러났다. 중간에는 넓은 모래사장이 있었던 것이다. 게다가 지형적으로 봐도 풍납토성은 단구 형태로 된 한강변의 자연제방 위에 우뚝 솟아 있었기 때문에 삼국시대에는 쉽게 침수되지 않았을 것이다. 현재의 지형을 두고 1500년 전의 지형을 논하는 것은 무의미하다. 역사 연구는 당시 경관에 대한 이해를 기초로 이루어져야 한다.

동북아시아뿐 아니라 세계의 수도유적을 두루 살펴봐도 강변에 자리 잡지 않은 것은 없다. 물 없는 도시가 어떻게 존속할 수 있을까? 수해의 위험성이 있음에도 강변을 택한 이유는 불리한 점보다 유리한 점이 훨씬 많기 때문이다. 강과 샛강은 자연적인 해자가 되어 방어력을 높인다. 또 많은 인구를 부양할 수 있도록 식수를 공급하고, 물고기 등 수자원을 제공해준다. 배를 타고 이동하면 물자의 수송이 훨씬 편리해진다. 이런 까닭에 고구려의 국내성, 신라의 월성은 물론 중국과 일본의 모든 수도유적은 반드시 강을 끼고 세워졌다. 홍수 피해를 본다 하더라도 왕궁과 왕성,

왕경은 절대 강을 떠날 수 없다.

풍납토성의 우월함은 기술적인 측면에서도 설명할 수 있다. 당시로는 최첨단 토목기술인 판축기법을 사용했는데, 중국에서 유래한 이 기술은 나무로 틀을 짜고 그 안에 흙을 채운 후 나무나 돌로 만든 공이로 흙을 다져 강도를 높이는 공법이다. 백제는 중국과 다른 풍토, 토질을 지녔기에 풍납토성에는 백제식으로 변형한 판축공법을 적용했으며 부엽공법을 추가했다. 부엽공법이란 흙과 흙 사이에 부직포를 깔 듯 나뭇잎과 줄기를 깔아서 토층 간의 마찰력을 높이고 이 층을 통하여 구조물에 스며든 물이 배수되게 하는 공법이다. 요즘 토목공학에서 이야기하는 지오텍스타일Geotextile 공법과 동일한 원리로, 훗날 김제 벽골제와 같은 제방을 축조할 때 자주 활용했다. 이런 최첨단의 판축공법과 부엽공법은 백제인에 의해 일본으로 전래돼 토성과 궁궐, 고분, 제방 축조에 활용되었다. 이렇게 풍납토성을 짓는 데는 최첨단 기술과 최고의 기술자가 동원되었다. 풍납토성이란 걸작을 만든 이들은 당대 최고의 기술자임이 틀림없다.

풍납토성이 백제 왕성임을 증명하는 자료는 이외에도

너무 많지만, 대표적인 것 중 한 가지만 들자면 단연 기와를 들 수 있다. 고대 사회에서 기와는 왕궁, 관청, 사원 등 품격이 높은 건물에만 제한적으로 사용되었다. 달리 말하면 기와가 많이 출토되는 유적은 수도유적일 가능성이 높다는 것이다. 1997년에 풍납토성 내부에 대한 본격적인 발굴조사가 이루어지기 전에는 한성기를 지나 웅진기에 들어서야 비로소 기와집이 나타난다는 견해가 학계의 주류를 이루었다. 그러나 필자가 직접 발굴조사한 결과 풍납토성 경당지구 안에서만 500점이 넘는 기와를 발견했다. 이로써 한성기에 기와를 활발하게 사용한 사실이 입증된 것이다. 그런데 바로 옆에서 발굴을 진행했던 국립문화재연구소는 미래마을지구의 구덩이 하나에서 6000점이 넘는 기와를 발견했다. 권위의 상징인 기와를 이토록 많이 사용했다는 사실은 풍납토성 내부에 중요 건축물이 밀집해 있었음을 보여준다.

한편 풍납토성에서 남쪽으로 800미터 정도 떨어진 곳에 있는 몽촌토성은 일종의 산성처럼 자연 구릉을 이용해 만든 성이다. 풍납토성이 평지에 넓은 면적을 점유한 채 많은 주민을 안고 있다면, 몽촌토성은 방어력이 강하고 경

풍납토성 경당지구의 중요 유구 배치 상황(위쪽)과 풍납토성 경당지구 206호 어정 내부(아래쪽).

관이 수려하지만 포용 가능한 주민의 수가 적다. 따라서 풍납토성은 북성 혹은 대성으로 불리면서 통치의 중심이 되었고, 몽촌토성은 남성 혹은 왕성으로 불리면서 왕과 근시 집단만이 거주하는 공간으로 활용한 것 같다. 전시에는 방어에 유리한 몽촌토성이 최후의 거점이 되었을 것이다. 이 두 개의 성이 짝을 이루면서 사서에 위례성 혹은 한성이라 기록된 것으로 추측한다.

몽촌토성은 88올림픽을 준비하면서 간단한 발굴조사만을 거친 채 성급하게 올림픽공원으로 변모했다. 그 결과 과거 백제의 수도는 오늘날 펜싱장과 사이클 경기장, 수영 경기장, 조각공원으로 변모했다. 뒤늦게나마 백제 초기의 역사를 규명할 귀중한 유산을 제대로 조사하지 못했음을 반성하며 최근 정밀한 학술조사를 진행하고 있다. 풍납토성과 몽촌토성, 그리고 왕릉이 모여 있는 석촌동 고분군에 대한 발굴조사를 동시에 진행하고 있기에 앞으로는 백제사의 비밀이 속속 밝혀질 것이다.

고대인의 삶을 보여준 '화장실의 고고학'

거대한 규모의 수도 안에 많은 사람이 모여 사는 체제는 통치의 효율성을 높이지만, 그 대가로 식수와 용수의 부족, 하수 처리 등의 위생 문제, 전염병의 만연, 대형 화재 위험 등의 문제를 안고 있다. 신라의 수도인 경주에서는 숯으로 밥을 지어 먹었다는 기록이 남아 있는데 이는 당시의 풍요로움을 의미하는 동시에 숯을 생산하기 위한 벌목으로 산림을 황폐화했음을 알게 해준다. 고대와 중세의 수도에서는 기와로 많은 건물을 지었는데, 그 배경에는 갑작스러운 화재가 발생할 경우 목조 건물에 불이 빨리 옮겨붙는 것을 방지하기 위한 현실적인 목적이 도사리고 있다. 당시에는 비대해진 수도를 관리하기 위해 관청과 관리를 따로 운영했다.

수도 그리고 왕성 안의 경관은 지방과 아주 달랐다. 경주 월성 내부에는 대규모 초석 건물이 즐비한데, 성 바깥 북편에는 관청 건물이 다닥다닥 붙어 있는 식이었다. 삼국 통일 후 자신감이 넘쳤던 문무왕이 14년(674년)에 조성한 월지(안압지)와 동궁은 그때나 지금이나 변함없이 신라 왕실의 위엄을 과시하고 있다.

풍납토성 경당지구에서 발견된 건물은 많은 공력을 기울여 만든 특수한 형태로 당시의 일반적인 움집과는 차원을 달리한다. 특히 44호 건물은 일본의 고대 신사와 유사한 구조인데 백제 왕실의 종묘 같은 시설이었거나 왕궁이었던 것으로 보인다. 아직 발굴조사를 완료하지 못한 상태이기에 더 이상의 정보를 확보할 수는 없으나 언젠가 재발굴을 통해 백제 최고의 예제건축(종묘와 사직 등 제사를 지내기 위해 지어진 건축물)을 볼 수 있을 것이다. 한편 부여 관북리에서는 나무를 짜서 만들거나 돌을 쌓아 만든 식량 창고가 여럿 발견되었다. 이는 일종의 냉장고라고 할 수 있는데 그 안에서 어마어마하게 많은 음식물을 보관한 흔적을 확인했다. 또 출토된 씨를 분석한 결과 당시 백제 귀족들이 복숭아나 살구, 참외, 머루 등을 즐겨 먹었다는 사실도 알게 됐다.

지방에서 살아가던 일반 백성들은 움집을 짓고 살았는데, 그 면적은 3~4명이 겨우 앉을 수 있을 정도로 좁은 게 보통이고 넓어야 20평이 채 안 되었다. 실내 부뚜막에 시루를 걸쳐 놓고 그 안에 물을 끓여 증기로 밥을 쪄 먹었는데, 쌀 구경은 하기 힘든 처지로 주로 잡곡을 먹었다. 식기는 푸석푸석한 질그릇을 사용했고 나무 수저를 사용했으며 짚신을 신고 다녔다.

반면 풍납토성 미래마을지구에서는 면적이 무려 102평이 넘는 초호화 주택이 발견됐다. 풍납토성에서는 상수도 파이프 역할을 했을 것으로 추정되는 토제 관도 출토되었다. 경당지구에서 발견된 식료 창고에는 중국에서 수입한 대형 항아리와 백제 항아리 30점을 줄지어 보관했으며 그 안에서 도미와 복어 젓갈을 보관한 흔적이 나왔다. 술이나 차 같은 음료수를 마실 때는 단단하고 가벼운 백제 최고의 토기 혹은 중국에서 수입한 자기를 사용했다.

수도에 살던 중앙인들은 볼일을 볼 때에도 남달랐다. 호자라고 불리는 변기를 사용했던 것이다. 호자는 중국에서 유래한 변기로, 호랑이가 입을 딱 벌리고 있는 모양을 해 이런 이름이 붙었다. 초기에는 남성용 도자기 변기를 수입해 쓰다가 나중에는 백제식으로 변용한 사실도 밝혀졌다. 변용된 호자의 호랑이 얼굴은 간략화하거나 생략하고 다리를 달린 모습만 유지했다. 사비기의 왕족과 귀족이 거주하던 부여 관북리나 익산 왕궁리에서는 여성용 변기도 발견됐다. 생리 현상을 깔끔하게 처리했던 왕족과 귀족들의 생활상을 대변한다.

이동식 변기가 아니라 화장실이 통째로 발견되는 경우

백제의 변기(왼쪽)와 호랑이가 입을 벌리고 있는 모양의 호자(오른쪽)

도 종종 있다. 앞서 언급했던 익산 왕궁리 유적에서는 백제의 대형 수세식 화장실이 발견됐다. 좁고 깊은 구덩이 위에 나무판자를 걸쳐 놓고 쭈그리고 앉아 볼일을 보는 형태의 화장실은 대개 하급 관료들이 사용했던 것으로 보이는데, 볼일을 보고 나면 반질반질하게 깎은 나무로 뒤처리를 하고 오물이 쌓여 일정 높이에 닿으면 물로 쓸어 왕궁 바깥으로 배출하는 위생적 구조를 보인다. 이러한 수세식 화장실은 부여 화지산에서도 발견됐으며, 경주 왕경유적에서는 돌로 만든 럭셔리한 화장실이 발견됐다.

　이처럼 화장실은 왕족과 귀족들의 일상 생활상을 보여줄 뿐만 아니라 당시의 환경과 위생 상태를 보여준다. 오물에 섞여 있는 기생충 알을 통해 위생 상태를 알 수 있으며 소화되지 않고 배출된 음식물을 통해 식생활을 엿볼 수도 있다. 실수로 화장실에 떨어뜨린 짚신이나 목간 같은 유기질 유물도 소중하다. 이처럼 화장실의 고고학은 왕궁과 왕릉 같은 유적만으로는 알 수 없는 과거의 은밀한 모습을 보여주기에 그 나름의 매력을 지니고 있다.

Q 묻고

답하기 A

청동기시대부터 방어취락이 발달했
다고 했는데, 환호 안에 살던 사람들
은 그 당시 어떤 신분이었는가?

청동기시대에는 아직 귀족이라고 불릴 만한 지
배층이 없었다. 다만 일반인보다 조금 더 높은 지
위의 엘리트들이 등장하기 시작했고, 이들은 환
호 안에 살았다. 때로는 환호 내부에 자신만의 공
간을 구획해 그 안에 거주했던 경우도 있다.

환호에 감싸인 취락 안에 5개 정도의 주거 단
위가 있다고 하면 지위가 높은 사람과 그 가족들

이 사는 단위와 그렇지 못한 사람과 가족의 단위에도 차이가 나타난다. 전자의 경우 집자리 규모가 크고 수도 많으며 내부에서 풍부한 유물이 출토되는 반면, 후자의 경우 규모가 작은 집자리에 거주하면서 대부분 금속기를 소유하지 못했다. 한편 환호 안에 사는 사람과 환호 안으로 들어오지 못한 사람 간의 차별도 분명했을 것이다. 마을 단위로도 큰 환호나 작은 환호를 지닌 마을, 아예 환호가 없는 마을이 위계를 반영한다.

개발과 재산권 보호, 그리고 유적 보존이 조화를 이룰 수 있는 방법은 무엇인가?

예전에는 개발을 추진하는 과정에서 의식적, 무의식적으로 유적을 파괴하는 경우가 자주 있었다. 하지만 요즘은 문화재보호법에 의해 모든 매장문화재가 엄격하게 관리되며 개발이 이루어지기 전 사전 조사가 의무화됐다. 간혹 중요한 유적이 발견되면 개발이 중지되는 경우도 있다. 하지만 대부분의 경우 개발을 해야만 하기에 유적의 내용을 철저하게 기록한 뒤 파괴한다. 전면적으로 보존하지는 못하더라도 일부 중요한 부분을 남기거나 안전한 장소로 이전하는 경우도 있다.

대규모 공단이나 아파트 단지를 개발할 때는 어느 정도의 녹지공간을 마련해야 하는데, 이 공간을 활용해 유적을 보존하는 식으로 공존을 꾀하기도 한다. 요즘은 개발업자와 문화재청, 지자체, 연구자와 주민들이 머리를 맞대고 함께 고민해 최선의 방안을 찾으려고 노력하는 추세이다. 조금씩 양보하면 모두가 만족할 수 있는 방법을 찾을 수 있기 때문이다.

그러나 어쩔 수 없이 피해를 본 사람들도 분명히 존재한다. 경주와 부여, 공주는 고대의 수도유적이기에 지금도 고도로 관리된다. 따라서 고층건물을 신축하는 행위는 엄격히 제한한다. 대부분의 수도유적에는 고층 빌딩을 짓지 못하게 되어 있다. 그래서 할 수 없이 오래된 낡은 건물에 살아야 하는 분들도 많다. 서울 풍납1동과 2동에 거주하는 4만 8000명의 주민들은 풍납토성이라는 백제 왕성 때문에 마음대로 재산권을 행사하지 못하고 있다.

이런 선의의 피해자들이 피해를 보지 않도록 충분히 보상하려면 국민적인 합의가 필요하지만, 쉬운 일은 아니다. 하지만 그분들의 희생 위에 수도유적이 서 있다는 건 분명하므로, 피해 보상을 받을 수 있도록 국민들이 함께 희생을 감내해야 한다.

유적 발굴 뒤의 공로나 업적은 어떤 식으로 인정받는가?

노래 한 곡이 히트하면 가수는 그 히트곡을 평생 부르며 산다. 마찬가지로 유적 발굴조사에 종사하는 학자들도 운 좋게 대단한 유적 하나를 발굴하고 나면 평생 그 공로를 인정받으며 살아간다. 신라의 황남대총과 천마총, 백제 무령왕릉, 가야 대성동 고분군 등이 그러한 예다. 하지만 발굴 과정에서 개발업자와의 알력이나 주민과의 갈등이 발생하는 경우가 많고 자신이 발굴한 유적으로 인해 주민들이 피해를 감수하는 과정도 생긴다. 발굴조사를 함께한 조사원과 작업자 중 사고로 사망하거나 부상당하는 경우도 가끔 발생한다. 모든 일이 그렇겠지만 유적발굴에는 밝은 면과 어두운 면이 공존한다. 예컨대 무령왕릉을 발굴한 학자들은 최고의 영예와 행복을 누렸을 것 같지만 제대로 조사하지 못했다는 죄책감과 '최대의 발견, 최악의 발굴'이라는 야유와 빈정거림 속에 살아야 했다.

모든 유적은 소중하며, 단 하나밖에 없는 것이기에 유적 발굴조사에 임하는 사람은 사람의 생명을 다루는 의사의 자세를 본받아야 한다.

일본에는 8세기에 집필한 『일본서기』
가 남아 있는데, 우리나라는 왜 고려시
대 전의 기록물이 하나도 남아 있지 않
는가?

『일본서기』라는 역사서는 말 그대로 일본의 『서
기』다. 그렇다면 『서기』는 무엇인가? 바로 백제
의 역사서다. 근초고왕 시기였던 4세기 중엽 백
제인들은 이미 『서기』를 만들었고, 그걸 의식
한 왜인들이 일본판으로 만든 것이 『일본서기』이
다. 고구려도 이미 4세기에 역사책을 만들었고,
신라도 6세기에 역사책을 편찬했다. 통일신라 시
기에도 여러 서적이 출간되었다. 그러나 지금 고
려시대 이전의 기록물을 하나도 찾아볼 수 없
는 까닭은 몽골침략 시기에 일어난 약탈과 분실
때문이다.

또 다른 이유로는 우리의 난방문화를 들 수 있
다. 서적을 불쏘시개로 활용했을 가능성이 높은
것이다. 게다가 사람이 죽으면 그 사람의 물건을

다 태워버리는 풍습도 영향을 미쳤을 것이다.

한편 고려시대의 김부식과 이규보는『삼국사』라는 책을 보고 저서를 편찬했는데, 우리 고대사를 보여주는 일 등급 역사서였음이 분명한 이 책은 여전히 자취를 감추고 있다. 언젠가 "『삼국사』를 발견했다!"는 속보를 전하는 날이 올까? 그때를 간절히 바라고 있다.

4부

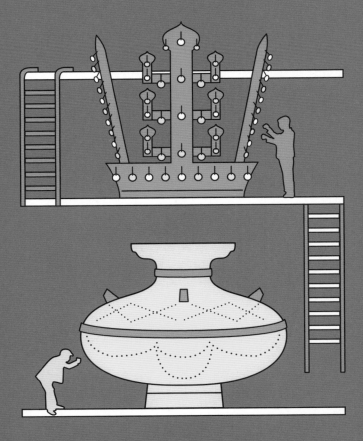

교류의 길,

글로벌

삼국 시대를 열다

3부까지 땅에서 발견한 유물과 유적을 통해 삼국시대를 탐험했다면, 이제는 고대 선인들이 교역했던 3개의 길을 따라가 볼 차례다. 위도가 높은 지역으로 떠나는 초원길, 사막과 오아시스로 이어지는 길, 그리고 바닷길을 통해 중국과 일본을 넘어 동남아시아와 서아시아까지 대외교섭의 범위를 넓혔던 삼국시대의 흔적을 함께 추적해보자.

초원길에서 시작된
다문화의 역사

한반도 최초의 국가, 고조선의 다양한 대외관계

대부분의 사람에게 국사 시간에 배운 대외관계에 대해 떠올려 보라 주문하면, 백이면 백 중국과 일본을 떠올릴 것이다. 고대 한국의 대외관계는 한중, 한일관계사에 국한됐을 거라 여기는 까닭이다. 나조차 그렇게 배웠고, 오랜 기간 그에 따른 연구를 해 왔다. 그렇기에 내 옛날 여권을 펼치면 온통 중국과 일본의 출입국 도장만 가득하다. 그런데 어느 날, 내 여권을 넘겨보던 아내가 타박했다. 좀 다양한 나라를 두루 다니며 연구할 수 없느냐는 얘기였다. 나는 항변했다. "한국 고대사 연구에서 대외관계는 중국과 일본만 하면 끝이야. 다른 건 낭비라고!"

이런 무식한 소리를 한 것이 10년 전의 일이다. 나에게 한국 고대사 연구의 공간적 범위는 중국과 일본을 포함한 동북아시아가 전부였다.

그런데 사정이 달라졌다. 2009년 페르시아 문명 답사를 위해 이란을 다녀온 뒤의 변화다. 우리나라에는 이란에 대해 오해를 품은 사람이 많다. 중동 침대 축구, 히잡, 시아파, 테러, 참수 등으로 얼룩진 이미지를 떠올리는 것이다. 그런 오해는 증오로 이어지는데, 나도 이런 감정을 공유한 사람 중 한 명이었음을 부인하지 않겠다. 하지만 이런 이미지가 완전히 잘못됐다는 사실을 깨닫는데 그리 오랜 시간이 걸리지 않았다. 답사 중 만난 이란 사람들의 일상과 한국인을 대하는 친절한 태도를 보며 그간의 오해는 눈 녹듯이 사라졌고, 페르시아 문명을 답사하면서 그동안 나의 연구와 강의 내용에 심각한 문제가 있었음을 절감하게 됐다. 한국의 고대 사회가 페르시아를 비롯한 서아시아 여러 세력과 친구 관계를 맺었던 사실을 깨달았기 때문이다. 여태까지 써 왔던 논문이나 학생들에게 전달한 지식, 시민들과 소통했던 강의 중 잘못됐던 것들이 떠올라 아찔함마저 느꼈다. 그 후 나는 '스탄'으로 끝나는 나라들, 즉 카자흐스탄,

키르기스스탄, 우즈베키스탄 등을 맹렬히 찾아다니며 연구 범위를 확장했다.

하지만 인간은 늘 같은 실수를 반복한다 했던가. 그땐 또 그것이 전부인 줄 알았다. 그리고 몇 년 후 삼국시대에 이웃을 맺은 나라들이 동남아시아에도 있음을 깨달았다. 이때부터 나는 범위를 더 확장해 베트남과 캄보디아, 미얀마, 말레이시아 등을 돌아다녔다. 너무 오래 연구의 공간적 범위를 한정했던 실수를 고백하며 역사학자로서 반성하지 않을 수 없다.

본론으로 넘어가기 위해 한 가지 예를 들어 보겠다. 과거 우리는 한국사 최초의 국가인 고조선의 대외관계를 이야기할 때, 오로지 한나라에만 주목했다. 그러나 동북아시아를 바라보는 시야를 넘어서 유라시아 동부라는 안경을 쓰고 역사를 보면 다른 모습이 보이기 시작한다. 한이라는 초강대국에 맞서 싸운 세력은 동쪽의 고조선만이 아니었다. 북쪽의 흉노가 한을 압박했고, 서쪽에는 오손, 월지, 사카란 세력이 있었다. 미얀마 쪽에는 퓨라고 하는 종족이, 중국 운남성 지역에는 디안이, 그리고 지금의 중국 광동, 광서, 베트남 북부에는 남월이, 복건성의 민월 등이 마치

사나운 호랑이 한 마리를 둘러싼 진돗개 무리처럼 한을 둘러싸고 계속해서 긴장관계를 맺었던 것이다.

그동안 우리는 이런 실상을 보지 못한 채, 동북아시아만을 보도록 강요받아 왔다. 한국과 중국, 한국과 일본의 관계만을 바라보는 좁은 시야 때문에 한과 경쟁했던 고조선을 조망하며 '외로운 동쪽의 섬나라'였던 우리의 처지를 한탄하기까지 했다. 그러나 조금만 시각을 넓히면 고조선과 같은 시기 고대 국가를 형성하며 비슷한 운명에 처했던 여러 세력이 눈에 들어온다. 우리만 그토록 외롭게 항쟁한 것이 아니라는 사실을 깨달을 수 있다. 다시 한번 강조하자면 한국은 동쪽의 고요한 은자의 나라가 아니었다. 유라시아 대륙의 동쪽에 자리잡고 유라시아 곳곳의 이웃들과 다양하게 교섭했다. 그리고 당시 이웃을 맺었던 나라들 중 일부는 지금도 국가체제를 유지하고 있다.

단일민족의 옷을 벗고 다문화시대로

역사학자는 시세를 따라가며 연구해서도 안 되지만, 홀로 성을 쌓고 안주해서도 안 된다. 당연한 이야기를 하는 이유는 지금까지 우리의 역사 교육이 우리의 고대 사회를 단일민족이라 표현하며, 순수하고 때묻지 않은 민족으로 그려온 이미지를 정정하기 위해서다. 실상, 그런 민족은 지구 어디에도 없다. 고립된 섬에서 생활하며 근친혼, 족내혼으로만 혈통을 이어왔다면 가능할지도 모르지만, 이 경우 유전적으로 열성 인자 출생률이 높아져 집단이 쇠락했을 것이다.

중남미나 동남아시아에 비하면 한국 사회는 상대적으로 혼혈의 비율이 낮고, 오래전에 얼굴 생김새가 고정된 것이 사실이다. 즉 평균적인 얼굴 형태가 크게 변하지 않았다. 그러나 단일민족은 존재할 수 없다. 역사학자들은 사실을 왜곡하는 죄를 저질러서는 안 된다. 현재의 우리 사회는 이미 다문화 사회로 접어들었다. 자본과 노동이 국경을 넘나드는 시대에 사는 우리에게 다문화 사회로의 진입은 피할 수 없는 운명이다. 앞으로는 다문화 사회에 대비한 역사 교육의 변화가 필요하다.

2019년도 통계에 따르면 초등학생 전체의 3.8퍼센트가 다문화 가정 어린이다. 초, 중, 고를 합한 다문화 가정의 학생 수는 13만 7225명이고, 국적별 비율은 베트남 출신 아버지나 어머니를 둔 경우가 30.6퍼센트로 으뜸이다. 그런데 다문화 가정 학생의 진학률을 보면 문제가 심각하다. 2011년도 부산 지역 통계에 의하면 다문화 가정 자녀의 초등학교 진학률이 82퍼센트에 불과하다. 18퍼센트의 학생들은 과연 어디로 갔을까? 중학교 진학률은 48퍼센트, 고등학교 진학률은 75퍼센트에 그쳤다. 그런데 여기에 포함되지 않은 친구들이 좋은 교육 여건을 찾아 외국으로 유학을 떠났을 확률은 희박하다. 즉 수많은 다문화 가정 자녀들이 중도에 학업을 포기한 것이다.

그들이 가진 한국사의 이미지는 어떤 것일까? 다문화 가정의 자녀가 학교에 다니고 있다면 현행 역사 교육을 받으며 어떤 생각을 할까? '우리는 단군의 자손이며 단일민족'이라는 주장을 접하면서 '나는 누구지?'라고 자문하지 않을 수 없을 것이다. 아이들이 연개소문을 주인공으로 삼은 사극에서 고구려 군대가 당나라 군대의 목을 베고 환호하는 장면을 봤다면, "엄마, 우리는 중국에서 왔는데, 그러면 우린 이 나라 사람들의 적이야?"라고 묻지 않았을까? 사회 여러 분야에서 공동으로 이런 문제에 대응해야 하겠지만, 특히 단일민족설을 강조하는 역사 연구와 교육이 국민의 통합성을 해치는 불상사는 하루빨리 막아야 한다.

이와는 좀 다른 이야기를 해보자. 중국 주도의 '신新실크로드 전략 구상'이라 불리는 일대일로一帶一路 정책은 중국에서 출발해 동남아시아를 거쳐 인도양을 지나고, 아프리카까지 이어지는 바닷길과 초원길 그리고 사막과 오아시스로 통하는 모든 길을 장악하겠다는 야심 찬 전략이다. 한국도 신남방 정책과 신북방 정책을 표방하며 국가 발전전략을 세웠다. 대한민국이 살길은 여기에 있다. 대통령이 카자흐스탄, 우즈베키스탄에서 나아가 말레이시아, 미얀마, 인도네시아에도 가야 한다. 그러면 우리의 역사 교육은 어때야 하는가? '동쪽의 조용한 은자의 나라' 혹은 '순수한 단일민족'이라는 우상은 물론 '고대시대, 우리의 교섭 상대는 중국과 일본뿐'이라는 잘못된 프레임을 깨야 한다. 쇄국을 국시로 삼던 19세기 말도 아닌데, 21세기에 태어난 우리의 후손들에게 이런 역사관을 심어주는 어리석음을 범할 수는 없다.

21세기를 주도할 후손들에게 넓은 세계를 바라보는 통찰력과 시각을 전해줘야 한다. 앞으로 '코리안'이란 정체성은 태어난 장소와 얼굴 형태, 핏줄을 통해 정해지지 않을 것이다. 대한민국 국민으로서 코리안의 인종적 스펙트럼은 훨씬 넓어질 것이다. 대한민국의 국민이기에 총을 어깨에 짊어지고 야간 보초를 서며 국방의 의무를 다하는 젊은 이들의 얼굴도 지금보다 다양해질 것이다. 이들에게 대한민국의 미래를 맡겨야 한다.

이처럼 새로운 역사관을 이끌기 위해 고대 사회의 원거리 교섭을 연구한다. 『삼국유사』에 실린 「가락국기」에는 허황후의 이야기가 있는데, 인도 아유타국의 공주가 가락국 수로왕의 배필이 되는 내용이다. 대부분의 사람과 마찬가지로 나 역시 처음 이 이야기를 접했을 때는 허무맹랑한 설화라 치부하고 말았다. 하지만 김해에 있는 정치인과 공무원들이 김해에 거주하고 있는 남아시아, 동남아시아 출신의 결혼 이주민 여성들을 위해 "가야의 왕비도 바다 넘어 저 먼 곳에서 오신 분이다"라고 이야기해준다면 그분들에게 얼마나 힘이 될까? 그들의 정체성을 긍정할 좋은 계기가 될 수 있다. 다문화 사회를 이끌기 위해 여러 분야가 함께 나서야 하겠지만, 역사 연구와 교육 분야에서 선도적으로 해야 할 일이 많다는 점을 강조하고 싶다.

중국의 일대일로 전략이 지닌 공격성 때문에 곳곳에서 파열음이 일어나는 것을 볼 때, 우리는 상호공존을 원칙 삼아 평화와 번영을 추구하는 방식으로 전략을 짜야 할 것이다. 이때 역사학은 어떻게 공헌할 수 있을까? 역사학은 과거의 역사에서 긍정적인 교류 모델을 찾아내 국가 발전전략 수립에 도움을 줄 수 있을 것이다.

형제의 나라, 고구려와 돌궐

고조선이 발전할 때 주변에는 어떤 세력들이 있었을까? 한나라는 고조선을 공격하면서 자국의 고위 장수를 갈아치우거나 처형했는데, 왜 그렇게까지 해서 힘든 전쟁을 치렀을까? 그 이유는 동방의 강자 고조선과 북방의 강자 흉노가 연합할 위험성을 제거하기 위해서였다. 한나라는 자국의 서쪽과 북쪽을 'L'자로 감싼 채 압박해오는 흉노가 동쪽의 최강자였던 고조선과 연결되는 것을 두려워했다. 고조선과 흉노가 서로 손을 잡으면 한은 동, 북, 서 3면에서 포위당하게 될 터였다. 남쪽의 여러 세력도 한에 우호적이지 않았기에, 결국 한은 흉노를 분열시키고 고조선을 공격하는 전략을 택했다. 그러니 고조선의 역사를 제대로 보기 위해서는 흉노만이 아니라 서편과 남편에 공존했던 주변국들을 알아야 한다.

이런 취지로 매년 여름 몽골 지역에서 발굴조사를 진행하는데, 이때 학생들을 참여시킨다. 어떤 분들은 '해외에 나가 조사를 할 바에야 우리 역사 유적을 조사하지, 왜 외국의 유적을 조사하는가' 질문하기도 한다. 그러나 우리 역사를 제대로 알기 위해서는 친구 나라의 유적을 조사하는 것이 필요하다. 게다가 한국 학생들은 흉노의 무덤과 성을 발굴하며 몽골 학생들과 함께 양고기도 뜯고 천막생활을 경험한다. 한 달 동안 거친 야외생활을 이겨내고 몽골 친구들을 사귀면서 넓은 시야를 갖춘 한국의 젊은 연구자들이 쑥쑥 성장하는 것을 상상만 해도 즐겁지 않은가?

흉노족의 무덤을 조사하다 보면 고조선과 비교할 만한 것들이 자주 발견된다. 또 흉노의 후예인 오환과 선비의 유물 중에 흥미를 끄는 것들도 많다. 특히 선비족의 물질문화는 부여나 고구려 문화와도 유사한 점이 많아 상호관련성을 연구할 수 있다. 고구려인들이 말을 타고 누비던 북방의 초원이 무주공산은 아니었을 터. 오환과 선비, 그 뒤를 이은 유연과 돌궐突厥은 고구려와 끊임없이 교섭했다. 특히 돌궐족은 막강한 군사력으로 초원과 오아시스 지역에 거대한 제국을 건설했는데, 이 과정에서 고구려와 전쟁을 벌이기도 하고 때로는 서로를 의지하는 등 다양한 교섭 양상을 보여준다. 돌궐은 한자 이름이고, 본래 이름은 투르크인데, 그들은 점점 서쪽으로 이동하면서 중앙아시아 곳곳에 흔적을 남겼고 마침내 아나톨리아 반도에 뿌리를 내리고서 터키가 되었다. 우리를 '형제'라 부르는 터키인들의 인식은 고대의 투르크, 즉 돌궐과 고구려의 우호 관계에서 비롯된다.

2002년 월드컵 3·4위 결정전에서 우리는 비록 터키에 3:2로 패했지만, 경기 끝에 양국 선수들이 서로의 손을 잡고 세레모니를 펼치던 장면은 결승전 못지 않은 감동을 주었다. 6·25 전쟁 당시 터키가 유엔군으로 참전해 우리를 도운 사건이 양국의 형제 관계에 중대한 기여를 했다. 그러나 여기에는 기막힌 사연도 있다. 6·25 전쟁에서 터키는 유엔군으로, 그들의 친척뻘인 신장 위구르족은 중국군의 일원으로 참전해 서로에게 총부리를 겨눈 것이다. 이 경험은 그들에게 그리 개운하기만 한 일은 아니었을 것이다. 그러니 터키인들이 한국인을 형제로 생각하게 된 배경은 더 오래전 역사에 뿌리를 두고 있다. 터키의 학생들은 지금도 역사 시간이면 자신들의 조상이 과거에는 저 멀리 동쪽에서 살았고, 당시 친하게 지낸 민족이 코리아(고구려)라고 배운다 한다. 지금은 유럽과 아시아의 접점에 정착해 살아가지만 역사적으로는 몽골고원에서 흥기했던 사실과 중국을 상대로 항쟁하면서 고구려와 맺었던 우호적 관계를 잊지 않는 것이다.

돌궐족의 유적은 지금도 몽골지역 곳곳에 남아 있다. 그들은 수백 년에 걸쳐 서쪽으로 계속 이주해가면서 혼혈을 거듭했고 따라서 생김새가 점차 변했다. 동쪽에서 서쪽으로 가면서 위구르족, 카자흐스탄, 우즈베키스탄, 키르기스스탄, 투르크메니스탄, 아제르바이잔이 모두 투르크계 국가이다. 투르크 벨트의 동쪽에 해당하는 카자흐스탄 사람들은 우리와 가장 비슷한 생김새를 지녔다. 그리고 서쪽으로 갈수록 백인에 가깝다. 이런 양상은 돌궐족의 이동과정 중 생성된 변화다.

터키에서 신장을 잇는 투르크 벨트는 가스와 석유를 비롯한 온갖 물자가 이동하는 유통망이다. 그리고 이슬람으로 뭉쳐 있다. 역사적으로는 초원의 길, 사막과 오아시스의 길을 포괄한 광역 네트워크다. 중국의 일대일로 전략의 핵심은 바로 이 네트워크를 장악하는 것이다. 이런 때 석유와 가스의 자원 부국인 투르크계 국가들이 한국에 우호적이란 사실은 우리의 미래를 생각할 때 얼마나 다행인가.

돌궐족은 몽골에 비문을 남기며, 자신들의 역사와 위업을 찬양하는 내용을 새겼다. 이때 자신들의 우두머리 장례에 조문 온 주변국들을 언급했는데 '뵈크리'라는 단어가 발견됐다. 이는 맥족의 구려, 즉 고구려를 뜻한다. 고구려와 주변 종족의 교섭사를 연구하기 위해 고 터키 문자를 연구해야 할 필요가 이 비문으로 입증되었다.

과거 고조선과 흉노가 한나라에 공동 대응했던 것처럼, 6세기 이후 고구려와 돌궐은 수나라와 당나라에 함께 대처했다. 고구려 영양왕 18년(607년) 돌궐은 동과 서로 분열되었고, 동돌궐은 수에 복속된 상태였다. 고구려는 동돌궐에 사신을 보내 수나라의 힘이 강해지면 결국 그 창끝이 사방으로 뻗칠 것이니, 양자가 공동 대응하자고 제안하려 했다. 그런데 하필 고구려 사신이 동돌궐 우두머리인 계민의 천막을 찾았을 때 수 양제와 맞닥뜨렸다. 사태의 심각성을 깨달은 수 양제는 돌궐과 고구려에 대한 압박을 강화했다. 이와 같은 사례만 봐도 고구려의 대외관계사를 연구할 때 돌궐의 존재를 무시할 수 없음을 알 수 있다.

당시 고구려를 구성한 국민 중에는 고구려족 외에도 거란족이나 말갈족, 돌궐족의 혈통을 이은 인물이 다수 있었다. 당과 치열한 전쟁을 치르던 시기에는 수많은 말갈족이 고구려 국가를 위해 싸우다 죽어갔다. 그 넓은 영토를 다스리던 고구려가 오롯이 빗장을 걸어 잠근 채 단일민족으로 남아 있었을 가능성은 제로에 가깝다. 어떤 거대제국이 단일민족만으로 구성될 수 있을까? 몽골과 스키타이, 무굴 등 우리가 제국이라고 부르는 모든 국가는 사실 다문화 사회였다.

세계에서 가장 아름다운 여자 배우와 남자 배우가 주연을 맡았다고 회자되던 인도 영화 〈조다 악바르〉는 무굴제국의 악바르 대제와 그의 부인 이야기를 다룬다. 신실한 무슬림이었던 악바르가 힌두스탄을 통합하겠다는 원대한 꿈을 실현하기 위해 힌두교 신자인 라지푸트 왕의 딸을 부인으로 맞으면서 겪는 온갖 우여곡절이 영화의 주 내용이다. 영화에는 픽션이 가미됐지만 실제로 악바르는 힌두교도 왕비를 배필로 삼고, 힌두교도들을 요직에 등용했으며, 그들의 전폭적인 협조를 얻어 제국을 확장하고 다스렸다.

한편 기원전 6세기 아시아와 아프리카, 유럽에 걸친 대제국 페르시아를 건국한 고레스(키로스) 왕은 바빌론에 포로로 잡혀 온 유대인들을 해방시키면서 인종과 종교, 언어가 다르다고 차별하지 말고 모두를 공평하게 대하라 명령했다. 세계 최초의 인권 선언인 셈이다. 이러한 관용과 포용으로 고레스 왕은 제국을 유지했다. 고레스 칙령은 점토로 된 원통에 새겨졌으며, 훗날 발굴돼 영국의 브리티시 뮤지엄에 전시되어 있다. 복제품은 뉴욕의 UN 본부에 걸렸다. 대한민국이 제국과 같은 강대한 국가가 되려면 어떤 자세를 취해야 할까? 여전히 순수한 단일민족이라는 정체성을 고집하며 다문화 사회를 거부할 것인가?

신라 황남대총과 카자흐스탄의 연관성

카자흐스탄을 잘 모르는 사람은 이 나라 국민들이 가난하게 사는 줄 안다. 실상은 중앙 유라시아의 강자로서 자원도 풍부하고, 물가도 비싼 나라인데 말이다. 한반도의 12배나 되는 드넓은 영토의 동남부에는 키르기스스탄과 타지키스탄, 우즈베키스탄, 중국의 신장 위구르 자치구로 이어지는 구간이 있다. 이곳을 러시아어로는 '세미레치예'라 부른다.

　우리나라에서 세미레치예를 방문하려면 카자흐스탄의

옛 수도인 알마타 행 직항을 이용하면 되는데, 알마타는 과거 사카와 그 뒤를 이은 오손 종족이 살던 곳으로 천산 산맥에서 만년설이 흘러내려 살기 좋은 환경을 갖추고 있다. 한국의 고대사, 고고학 연구자들이 사카와 신라 유적 간의 유사성을 인식하면서 이곳에 대한 관심이 높아지고 있다.

2018년 국립중앙박물관은 〈황금인간전〉이란 이름으로 기원전 6세기에 살았던 사카족 왕자의 무덤, 즉 쿠르간에서 출토된 부장품을 전시했다. 그런데 이 무덤의 구조와 부장품은 5세기 무렵의 신라 왕릉인 황남대총에서 발견된 것들과 매우 유사하다. 문제는 두 유적 사이에 천 년이란 시차가 있다는 것이다. 그런데도 양 지역의 유사성을 우연이라 치부하기에는 석연치 않은 점이 많다. 사카와 오손의 문화에 관심을 가져야 할 이유가 여기에 있다.

한편 3~4세기 무렵 세미레치예를 장악했던 훈족의 무덤에서 황금 데스마스크를 발견했는데, 3개의 나뭇가지를 묘사한 무늬가 신라 금관과 상통한다. 새가 날개를 활짝 편 모습의 관장식은 신라의 새 날개 모양 관장식과 판박이처럼 닮았다. 경주 계림로의 한 무덤에서 발견된 화려한 보검은 카자흐스탄 북부의 보로보에란 곳에서 출토된 훈족

내부 구조와 부장품이 비슷한 신라의 황남대총(왼쪽)과 사카 시기 이식 지방의 고분
(오른쪽)

'황금인간'이라 불리는 사카족 왕자 재현물

세미레치예 지역의 한 - 카자흐스탄 쿠르간 공동 발굴 현장(대한문화재연구원 제공)

의 보검과 쌍둥이처럼 닮았다.

그러나 섣부른 판단은 금물이다. 극단적인 전파론에 빠져 신라인이 흉노족의 일파였다든가, 북방 유목민 출신이라는 주장을 할 것이 아니라 당시 원거리 교섭의 실상을 밝히려는 시도가 필요하다. 2013년도부터 필자를 포함한 대한민국의 연구자들은 카자흐스탄의 연구자들과 공동 조사단을 결성해 세미리치예 지역 쿠르간을 발굴했다. 내심 사카나 오손보다는 훈족의 무덤을 조사하고 싶었으나 그러기엔 어려운 점이 있었다. 사카나 오손의 무덤은 경주의 대형

돌무지덧널무덤처럼 봉토가 동산처럼 솟아올라 쉽게 발견되지만, 훈족의 무덤은 큰 봉토 대신 땅을 수직으로 파고 들어가 수평으로 방을 만든 카타콤 구조를 취해 쉬이 발견되지 않는 것이다. 하지만 언젠가 한국인 연구자의 손으로 훈족의 카타콤을 발굴해 신라와 유사한 황금 유물이 출토됐다는 낭보를 전하리라 기대한다.

중앙아시아 속
한국 고대사의 흔적들

소그드족의 벽화에 등장한 고구려인

중국 서안에서부터 우즈베키스탄, 이란, 터키, 로마로 이어지는 길은 대부분 황량한 사막길이다. 중간중간 섬처럼 분포하는 오아시스를 징검다리 삼아 이어지는 여정은 낭만적이기보다 목숨을 건 모험에 가깝다. 그러나 그 끝에 다다른 목적지는 숨이 막힐 정도로 아름답다. 무리를 지어 이동하는 장사치들은 '대상隊商' 혹은 '캐러밴caravan'이라고 부르는데, 그들은 매번 목숨 건 모험의 끝에 눈부시게 아름다운 풍경을 마주했을 것이다. 그렇기에 내게 죽기 전에 꼭 가봐야 할 곳을 몇 군데 꼽으라고 한다면 나는 주저 없이 이 사막길을 통해 만날 수 있는 우즈베키스탄의 사마르칸트와

이란의 이스파한을 꼽는다. 특히 사마르칸트에 있는 비비하눔 모스크의 눈 내리는 풍경은 잊을 수가 없다.

사마르칸트는 우즈베키스탄 동부를 따라 흐르는 아무다리야강 유역에 있는 도시로 과거에는 티무르제국의 수도였다. 티무르란 인물이 세운 이 나라는 시간상으로 우리의 조선시대 전기에 해당되는데, 당시 중앙아시아의 초강대국으로 자리했다. 1405년 명나라를 침략하던 중 티무르가 병으로 사망하면서 명나라를 원정하겠다는 원대한 계획은 물거품이 되었지만, 만약 그가 계획을 실행했다면 동북아시아 역사는 지금과는 다른 모습을 띄었을 것이다.

티무르가 심혈을 기울여 만든 수도인 사마르칸트와 현재 우즈베키스탄의 수도인 타슈켄트, 부하라 칸국이라는 독립국의 수도였던 부하라 등지는 원래 소그드족들이 살던 도시 국가였다. 소그드족은 어린아이가 태어나면 입에다 꿀을, 손에는 아교를 발랐다고 한다. 꿀처럼 달콤한 말로 상대방을 현혹해 돈을 벌고, 한번 손에 들어온 돈은 절대 놓치지 말라는 의미다. 이들은 이 어린 시절의 배움을 교훈 삼아 천하제일의 장사꾼으로 자란다. 수나라와 당나라는 물론 신라와 일본까지 진출해 장사를 벌였던 이들이 바로 소그드족이다. 지금의 우즈베키스탄 사람들은 대개 소그드와 투르크, 몽골의 혼혈인데, 자칫 이들을 상대로 물건값을 흥정하려 들었다간 손해를 보기 쉽다. 필자도 시장에서 흥정에 실패해 손해를 본 후 역시 소그드의 후예는 다르다는 사실을 깊이 깨달았다.

사마르칸트에는 아프라시압이라는 언덕이 있는데, 이곳은 7세기 후반 한 소그드 도시 국가의 궁전이 있던 곳이다. 발굴 결과 궁전을 치장한 벽화를 발견했는데 당시 이 지역을 통치하던 소그드의 왕과 그보다 더 높은 지위를 차지한 서돌궐의 우두머리가 그려져 있었다. 벽화에는 이외에도 여러 명이 등장하는데 코끼리를 타고 온 인도인, 곤돌라에 앉아 있는 중국 귀부인 등이 묘사되어 있다. 그런데 그중에는 소그드족도 아니고 돌궐족도 아닌 동양인 두 명이 등장한다. 다른 이들보다 키가 약간 작은 두 사람은 머리에 조우관을 쓰고 있으며, 옆구리에 찬 칼은 눈에 익은 것이다. 사마르칸트에서 고구려의 흔적이 발견된 것이다. 당시 연개소문이 권력을 잡고 있던 시기였는데, 점증하는 당나라의 군사적 침략 위협을 타개하기 위해 소그드족에게 도움을 요청하고자 외교 사절을 파견한 것으로 해석된다.

왜 사마르칸트를 조사해야 할까?

국제관계학을 전공하는 분에게 전해 들은 이야기이다. 국익을 위한 이합집산이 무궁무진하게 반복되는 외교 무대에서 대한민국이 살아남으려면 항상 우리 편을 들어주는 국가가 셋 이상은 있어야 하는데, 가장 유력한 후보는 단연 중앙아시아의 국가들이라는 것이다. 중국이라는 초강대국 주변에서 생존 전략을 모색해야 하는 중앙아시아 국가들은 우리와 비슷한 입장에 놓여 있기 때문이다. 그리고 이들을 우리의 전략적 파트너로 삼을 수 있다면 얻을 수 있는 것은 너무나도 많다.

중앙아시아 국가들이 보유한 광활한 영토와 환경, 가스, 석유 같은 자원은 우리에게는 없는 것이다. 반대로 우리는 풍부한 인적 자원과 자본, 기술력을 갖고 있다. 그러므로 역사적으로나 미래의 대한민국 발전을 위해서도 중앙아시아와 투르크 벨트의 국가들이 소중한 파트너임을 기억해야 한다. 이런 점을 고려할 때 아프라시압 벽화가 국사 교과서에 소개되기 시작한 것은 고무적인 현상이다.

2019년에는 작지만 중요한 사건이 일어났다. 국내의 문화재 조사기관인 중앙문화재연구원을 중심으로 사마르칸트에 있는 소그드족의 도시 국가 성곽을 발굴하기 시작한 것이다. 국내 학계에서는 불모지나 다름없는 소그드의 역사와 문화 자료, 정보를 획득할 수 있는 절호의 기회를 얻은 셈이다.

사실 우즈베키스탄의 고대 유적을 조사하며 한국은 한 번의 실패를 맛봤다. 아프가니스탄과 국경지대인 테르메스 지역은 고대 박트리아의 북부 중심지이고 쿠샨왕조 시기의 불교 사원이 밀집된 곳이다. 2012년부터 대한민국의 국립문화재연구소는 우즈베키스탄과 공동으로 카라 테파라고 불리는 테르메스 지역의 불교 사원을 발굴 조사했다. 이 유적은 세계적으로도 유명해서 다른 나라의 연구자들이 눈독을 들일 정도였는데 대한민국이 조사국으로 선정된 것은 단순한 행운이 아니었다. 우즈베키스탄의 한국을 향한 애정이 없었다면 이렇게 중요한 유적 조사에 경험 없는 한국팀이 낄 자리는 없었을 것이다. 하지만 안타깝게도 양국의 공동조사는 3년 만에 중도 하차로 끝났다. 이유야 여러 가지였겠지만 가장 근본적인 원인은 왜 우리가 이 유적을 발굴 조사하는지에 대한 국민적 공감대가 형성되지 않았다는 데 있다.

'한민족의 위대함을 세계만방에 알릴 유적'이었다면 정치권과 언론계, 국민들의 열화와 같은 지지가 있었을 것이다. 그러나 왜 우리 국비를 외국 유적 조사에 투입해야 하는지 명쾌하게 설명할 수 없었던 무지와 조급증으로 인해 카라 테파 사원 조사는 그렇게 무산되었다. 10년 정도 끈기를 갖고 조사를 이어왔다면 우리나라 초기의 불교 전래 역사를 밝혀낼 절호의 기회였기에 안타깝기 그지없다. 아울러 양국의 공동조사와 교류 협력도 중단되었다. 그런데 극적으로 사마르칸트 조사가 재개된 것이다. 이로 인해 새로운 희망과 기대가 생겼다.

동북아시아에 들어온 이국의 상인들

호희는 우즈베키스탄 지역에서 당으로 들어가 예술과 공연에 종사하던 소그드족 여성이다. 당시 장안(지금의 서안)은 당나라의 수도이자 세계적인 국제도시였는데, 장안의 귀족 자제들이 호희들이 추는 춤인 호선무를 관람하기 위해 재산을 탕진해 사회 문제가 될 정도였다고 한다. 당나라를 배경으로 만든 중국영화 〈적인걸〉을 보면 주인공이 한족 복장 대신 호복, 즉 카프탄이라고 하는 소그드와 페르시

아의 복장을 입고 호모라고 불리는 모자를 쓴 모습을 볼 수
있다. 호복과 호모를 착용한 호인의 이미지는 당나라 무덤
에 부장된 인물 삼채용을 통해서도 확인할 수 있다. 삼채용
은 상인의 모습, 즉 호상이거나 완력이 센 무사의 모습을
띠고 있다.

　이렇듯 국제도시 장안에서는 복장, 음악, 음식 등 많은
분야에서 소그드와 페르시아의 호풍 문화가 크게 유행했
다. 기원전 4세기 마케도니아의 알렉산더 왕이 동정했을
때 혼인한 현지의 여성도 소그드인이었고, 당나라를 뒤흔
든 안록산-사사명의 반란을 주도한 안록산 역시 소그드와
돌궐의 혼혈이었다.

　그렇다면 소그드와 페르시아 상인들, 즉 호상은 과연 장
안에만 진출했을까? 작은 이윤이라도 얻을 수 있다면 천
리 길을 마다하지 않는다는 장사꾼의 속성을 볼 때, 이들
이 한반도와 일본에까지 진출했을 가능성이 크다. 통일신
라시대의 무덤에서 출토된 흙 인형 중에는 호인의 모습을
한 것이 있으며, 원성왕릉 앞에는 터번을 쓰고, 눈이 쑥 들
어가고, 수염은 곱슬곱슬한 근육질의 서역인 모습이 돌로
조각되어 있다. 당나라의 장안만큼은 아니었겠지만 경주에

경주 괘릉 호인상(왼쪽)과 경주 용강동 고분 출토 호인 토용(가운데), 경주 구정동 방형분 호인상(오른쪽)

서도 다양한 외국인들이 삶을 영위했기에 〈처용가〉가 전래됐을 것이다. 고대 한국은 이미 다문화 사회를 경험했다.

페르시아에서 발견된 신라의 그릇

경주의 신라 무덤에서 출토된 유리그릇은 신라인이 만든 것이 아니라 대부분 로만글라스와 페르시안 글라스의 범주에 속한다. 로만글라스는 로마의 영향을 받아 만든 유리그릇인데, 시리아나 이집트에서 많이 생산되었다. 황남대총에서는 총 11점의 유리그릇이 나왔는데 그중 백미는 봉수병(국보 193호)이다. 액체를 따르는 주둥이를 봉황의 머리 모양으로 만든 것인데 당시 손잡이가 부러져서 금실을 감아 보수한 흔적이 남아 있다. 이런 형태의 그릇은 그리스에서 오이노코에Oinochoe라 부르던 그릇을 모델로 하는데, 포도주나 물을 담아 사용했다. 그런데 수천 킬로미터 떨어진 시리아나 이란에서 많이 출토되는 이 그릇들이 왜 유라시아 동쪽 끝에 자리한 신라에서 출토된 걸까?

페르시안글라스는 페르시아 영토를 중심으로 사용하던 것인데, 손에 닿을 때 미끄러지지 않도록 표면을 깎아낸 커트 글라스가 특징이다. 이 페르시안글라스가 천마총에서 발견되었다. 유라시아에 확산된 로만글라스와 페르시안글라스는 바닷길을 통해 전해진 경우도 있지만 한반도에 들어온 글라스는 대개 초원길, 사막과 오아시스 길을 통해 들어온 것이다. 로만글라스와 페르시안글라스는 신라를 통해 일본까지 전해졌다.

필자는 이런 물건들이 한반도에 들어온 구체적인 경로를 밝혀서 페르시아와 고대 한국의 관계를 연구할 계획이

이란 유리기박물관의 봉수병(위쪽)과 신라 황남대총에서 발굴된 봉수병(아래쪽)

었다. 그리고 전략을 세우던 어느 날 행운이 찾아왔다. 아제르바이잔에서 공동조사를 제안해 온 것이다. 아제르바이잔은 캅카스 산맥 남쪽, 카스피해 서편에 자리한 국가로 고대에는 페르시아 문화의 영향을 강하게 받았다. 그런데 한국에 아주 우호적인 아제르바이잔의 민간기관이 모든 비용을 자신들이 제공하는 조건으로 자국 영토 내 고대 왕성을 공동으로 발굴하자고 제안한 것이다. 이를 계기로, 2009년부터 매년 여름이 되면 나와 동료들은 캅카스 산맥의 남쪽으로 향한다.

아제르바이잔 측이 공동조사를 통해 얻고자 하는 성과는 분명하다. 현재의 아제르바이잔 영토 안에서 번영했던 고대 왕국 코카시안 알바니아의 역사를 규명하려는 것이고, 한국 팀이 여기에 주도적 역할을 해 달라는 것이다. 코카시안 알바니아는 동유럽의 알바니아와는 전혀 무관한 나라이며, 아제르바이잔은 이 나라의 역사성 계승과 영토 귀속 문제를 둘러싸고 이웃 나라 아르메니아와 오랜 기간 다투고 있다. 양국은 종족과 종교가 다를뿐더러 영토 소유권 문제로 인해 전쟁을 치렀다. 소련이 해체되기 직전인 1988년에 발발한 나고르노-카라바흐 전쟁이라는 유혈사태를 겪기도 했다.

우리에게 생소한 환경에서 진행하는 발굴작업이 쉽지만은 않았다. 아제르바이잔의 가발라는 북쪽으로 러시아와 연결되고, 캅카스 산 정상의 만년설을 볼 수 있는 아름다운 도시지만 '불의 나라'라는 별명만큼 오전부터 섭씨 40도를 웃도는 무더위가 계속돼 우리를 괴롭혔다. 흙의 성분이 다르니 한국에서 쌓아온 경험도 빛을 발하지 못했고, 슬렁슬렁 일하는 것이 몸에 밴 현지인들을 통제하는 것도 보통 일이 아니었다. 그렇게 2년을 헤매고 3년 차에 접어들면서 성과가 나타나기 시작했다. 로만글라스를 부장한 무덤을 발견한 것이다. 그중 몇 개는 신라 고분에서 나온 것들과 같은 종류로서 이 지역이 동서 교류의 중개지였음을 보여주었다. 이로 인해 우리 조사단은 소기의 목적을 달성했다.

발굴조사 중 얻은 여러 성과 중에서도 가장 인상적인 것은 카타콤catacomb을 발굴한 것이다. 초기 기독교도들이 로마의 박해를 피해 몰래 예배를 드리던 지하묘지를 카타콤이라 부르는데, 수직으로 판 갱도를 따라 내려가면 수평으로 이어지는 길이 있고 그 끝에 방이 있는 구조다. 카타콤 내부에서는 신장 180센티미터가 넘고 편두를 한 장신 여성이 온몸에 상처투성이가 된 채 무기를 잔뜩 보유하고 누

카타콤에 함께 매장된 1800년 전 부부의 모습

위 있는 모습도 찾아냈다. 여성 전사였던 것이다. 아제르바이잔 학자들의 도움을 받아 이 카타콤에 묻힌 이들은 알란과 사르마티아라고 하는 유목 기마민족이었음을 알아냈다. 그 후예들은 다게스탄 공화국의 레즈긴 족으로 이어진다.

한편 또 다른 카타콤에서 출토된 부부의 모습은 〈내셔널 지오그래픽〉 한 페이지를 장식했다. 부인의 뺨을 어루만지고 있는 장신의 남편은 커다란 철검을 다리 사이에 끼고 있어 생전에 용맹한 무사였음을 보여준다. 사나운 기마민족이었던 그가 아담한 신장의 부인과 마주 보고 누워 죽음을 맞이한 모습이 애처롭다. 언젠가 우리가 발굴한 유적이나 유물 사진이 세계고고학 개론서의 표지를 장식할 날도 올 것이라 기대한다.

이외에도 우리는 사산조 페르시아의 인장을 발견했으며, 페르시아와 아랍시대의 도시를 찾아냈다. 벌집 모양의 수많은 가옥, 상하수도, 우물과 지하 관개시설인 카레즈, 대상이 머물던 숙소, 이슬람시대의 목욕탕도 찾아냈다. 그 결과 이 유적은 아제르바이잔 일 등급 역사유적의 지위를 얻었으며, 우리는 한국의 학문적 위상을 마음껏 과시할 수 있었다.

한국사를 넘어
세계사로 나아가다

벨리퉁 침몰선이 남긴 교류사의 실마리

바닷길을 통해 연결된 동서 교류의 흔적을 찾겠다 마음먹은 것은 2011년 베트남 답사 후의 일이다. 하지만 연구의 전략을 구체화하기 시작한 때는 싱가포르 아시아 문명박물관에서 개최한 벨리퉁 침몰선 전시를 관람하고 난 후부터였다.

벨리퉁은 인도네시아 수마트라의 동쪽에 있는 작은 섬이다. 1998년 현지 어부가 이 섬에서 우연히 침몰선을 발견한 후, 섬의 이름을 따 벨리퉁 침몰선이란 이름을 붙였다. 830년 무렵, 길이 18미터 정도 되는 아라비아의 배 한 척이 당나라로 건너가 엄청나게 많은 물건을 싣고 귀향하던 길에 웬일인지 인도네시아까지 갔다가 침몰된 것이다.

이 배의 발굴조사를 둘러싸고 많은 문제가 발생했는데. 근본적인 원인은 인도네시아 법에 있었다. 우리나라라면 대한민국 영해에서 발굴조사한 유물은 대한민국에 귀속되는데, 인도네시아 법에 의하면 조사를 담당한 자가 소유하게 되어 있는 것이다. 그 결과 수중에서 건져 올린 수많은 유물은 경매를 거쳐 최종적으로 싱가포르의 차지가 됐다. 싱가포르는 헐값에 사들인 유물들을 아시아 문명박물관에 전시했다.

이양된 유물 6만 점 중 5만 7000점은 중국 장사長沙 지방의 도자기였다. 우리가 신안 앞바다에서 찾은 난파선, 신안선에서 건져 올린 도자기가 2만 점 정도란 사실을 고려하면 실제로 무지막지한 양인 셈이다. 당진의 청자 가마를 발굴해도 깨지지 않은 완전한 도자기 한 점을 얻기 힘들고, 고려시대 왕릉에서도 두세 점을 발굴하기 힘든데 침몰선에서 수만 점이 무더기로 발굴된 것이다. 송나라 때 보통 선박 하나에 낙타 600마리가 옮길 화물을 실었다고 하니 바닷길을 통해 배로 운반되는 화물의 물동량은 실로 어마어마한 양이다.

서양 학자들은 바닷길이 로마에서 출발해 이집트의 알

렉산드리아를 거쳐 홍해와 아라비아반도와 호르무즈 해협의 이란을 지나고 인도양과 스리랑카, 동인도, 뱅골만, 말레이반도, 믈라카 해협을 지나 베트남 옥 에오 항구를 통해 중국으로 이어졌다고 이야기한다. 그러나 필자는 이 바닷길이 중국 동해안에서부터 한반도와 일본 열도까지 이어졌다고 생각한다. 벨리퉁 선박이 침몰한 그 시점에 장보고는 동북아시아의 해상왕이었다. 그가 취급하던 상품 중에는 중국 이외에 동남아시아나 인도, 아라비아의 것이 포함되었을 것이 분명하다. 따라서 장보고에 대해 연구하려면 동북아시아를 벗어나 말레이시아와 인도네시아, 싱가포르 등 동서 문화가 만나는 지역까지도 시야에 담아야 한다.

동남아시아 국가들은 우리보다 일찍부터 외부 세계에 깨어 있었다. 고대로부터 인도와 중국의 문화를 받아들였고, 중세에는 네덜란드와 포르투갈, 영국의 문화와 접촉했기에 지금은 다양한 문화와 인종이 공존하고 있다. 그러므로 다문화 사회로 접어든 우리들은 이 나라들로부터 배울 것이 무엇인지 찬찬히 살펴봐야 한다.

한과 동남아시아 해상 교섭의 매개자, 남월

지금의 베트남, 즉 월남의 뿌리는 남월국에 있다. 위만이 고조선을 건국한 과정과 조타가 남월을 건설한 과정은 유사한데, 건국 이후 위만조선과 남월의 운명은 비슷하게 전개되었고 동시에 한과의 관계를 이어갔다.

한은 기원전 111년 남월을 공격해 멸망시키고 7개 군을 설치한 후 곧바로 위만조선을 침략한다. 『사기』에 등장하는 한나라의 누선장군 양복은 남월 공략을 마무리하고 곧바로 위만조선 침략전에 나섰다. 이 양복이란 인물에 의해 남월과 위만조선이 연결되었다. 그렇기에 남월의 역사를 왜 알아야 하느냐 묻는다면 위만조선을 아는 데 남월국의 역사가 큰 도움이 되기 때문이라 답할 수 있다.

우리는 위만조선의 왕궁 위치를 아직 발견하지 못했다. 그러나 남월의 왕궁은 지금의 중국 광동성 광주시에서 발견되었다. 남월 왕궁을 통해 위만조선의 왕궁이 어떤 모습이었을지 그려볼 수 있다.

남월의 2대 왕인 조말趙眜의 무덤 역시 광주에서 발견되었다. 그런데 이 무덤에서 발견된 그의 도장은 단순한 인장이 아니라 황제의 도장을 의미하는 새璽모양이었고, 조말

스스로는 자신을 문제라고 칭하였다. 내부적으로는 남월왕을 황제라 칭한 것이다. 따라서 위만조선도 중국 측 기록으로만 이해할 것이 아니라 스스로를 황제로 칭했을 가능성을 생각할 수 있다.

광동-광서지방과 베트남 북부를 다스렸던 남월은 중국이 세력을 확장하며 점차 밀려나 중국에 있는 고지를 모두 상실했다. 마치 한민족이 중국 동북지방의 영토를 상실하고 한반도로 밀려난 것과 같은 양상이다. 베트남 사람들은 민족적 자존심이 강하고 쌀을 주식으로 한다. 유교와 한자 문화권에 속하면서 불교를 수용한 점도 우리와 동일하다. 이렇게까지 우리와 비슷한 남월과 베트남은 위만조선과 한국을 이해하는 데 좋은 비교 자료가 된다.

남월이 중요한 또 하나의 이유는 중국 동남부와 베트남 북부가 연결되면서 해상 실크로드에서 중요한 역할을 담당한 데 있다. 당시 해상교통의 주요 거점이었던 광서성 합포에 널려 있는 한나라의 무덤에서는 지금의 이란과 이라크를 무대로 발전하던 파르티아의 도자기, 베트남 등 동남아시아산 유리그릇, 유리구슬이 많이 발견된다. 기원 전후 시기에 이미 바닷길을 통해 서아시아와 동남아시아 물건이 중국 동남부까지 들어왔으니 한반도까지 전해지지 않았다고 볼 이유는 없다. 중국과 한반도, 일본 열도를 연결하는 해상 교통망은 이미 그 전부터 존재했기 때문이다. 이 시기는 김해에 허왕후가 도착했다고 하는 시기다.

바다로 이어지는 원거리 교역의 실상을 밝히기 위해 2018년부터 필자는 고려대학교 연구팀과 함께 베트남 하노이 인근의 루이라우 유적 발굴조사를 시작했다. 이곳은 한 무제가 남월의 영역 내에 설치한 7개의 군 중에서도 교지군이 있던 곳이다. 앞으로 조사가 본격화되면 베트남-중국-한반도-일본 열도로 이어지는 해상 교역망을 복원할 수 있을 것이다.

백제의 거래처, 항시 국가 참파

고대의 항해는 큰 배에 물건을 싣고 몇 개월씩 쉬지 않고 나아가는 방식이 아니라 작은 배가 연안을 따라가며 매일 밤 항구에 정박하는 형태를 취했다. 그러다 보니 자연스럽게 연안에 많은 항구 도시가 생겼다. 이를 항시라고 부르는데, 항시를 기반으로 성장한 국가 형태를 항시 국가라고 부른다. 동남아시아 연안 곳곳에서 아라비아와 인도 상인들이 모여 금, 유리구슬, 진주 등 귀중한 물건들을 거래했다. 한반도에서 발견된 수백만 점의 유리구슬은 인도와 태국, 말레이시아, 베트남 등지에서 만들고 바닷길을 통해 유입된 것이다. 이 과정에서 중간 기항지와 거래처의 역할이 중요한데 베트남 중부의 참파, 남부의 푸난, 말레이 반도의 랑카수카까지 세 항시 국가를 대표적 거래처로 꼽을 수 있다.

참파는 한자로 임읍株뜬이라 불리던, 베트남 중부의 다낭과 호이안을 무대로 발전한 항시 국가다. 372년 참파가 동진에 사신을 보낸 기사가 남아 있는데 이 기사에는 백제 근초고왕이 사신을 보낸 기록도 포함되어 있다. 백제와 임읍이 같은 해에 동진에 사신을 보낸 셈인데, 안타깝게도 우리는 그동안 동진과 백제의 교섭에만 집중해 임읍이란 나라가 어디에 있는지, 이 기록이 의미하는 바가 무엇인지 고민하지 못했다. 같은 해 동진의 수도인 남경에서 양국의 사절이 마주친 기록도 있는데, 어떤 왕래를 했는지는 알 수 없으나 백제에 들어온 외래품 중에는 참파의 특산물이라 여겨지는 것들이 여럿 있다.

참파의 왕성인 짜 끼에우Trà Kiệu는 장방형 토성으로 입지나 규모 면에서 풍납토성과 비슷한 점이 많은데, 이미 일본의 학자들에 의해 발굴이 이루어지고 있다. 중요한 것은 이곳에서 중국제 거울과 함께 중국 동오-동진의 영향을 받은 인면문 수막새기와가 많이 발견됐다는 사실이다. 인면문 수막새기와는 서울의 풍납토성에서도 발견된 바 있는데, 역시 동오-동진의 영향을 받은 것으로 보인다. 참파의 왕성과 백제의 왕성에서 공통적으로 인면문 수막새기와가 발견되었으니 372년 양국의 사절단 파견이 지닌 의미는 적지 않다.

한편 참파의 종교 성지인 미썬Mi-so'n은 아름다운 경관과 함께 많은 불교, 힌두교 사원과 조각으로 유명한 곳이다. 월남전쟁 당시 미군의 B29 폭격기가 폭격을 가해 귀중한 유산이 파괴되었고, 전쟁이 끝난 후 발굴조사와 복구공사를 하면서 불발탄이 터지는 큰 사고가 나기도 했다. 그 때문에 지금도 제한된 구역 밖으로 자유롭게 다닐 수는 없지만 미썬은 이미 세계문화유산으로 등재되었다. 그리고 다낭 시내에는 프랑스인들이 미썬 사원에 있던 아름다운 조각을 통째로 뜯어다 전시해 놓은 참 조각박물관이 있다. 아름다운 힌두교, 불교 조각과 함께 금제 장신구, 수정과 유리구슬을 볼 수 있으며 그중에는 한반도에서 출토된 것과 매우 유사한 것들도 있다.

메콩강 하류의 옥 에오를 찾아서

다낭에서 더 남쪽으로 내려가면 메콩강 하류에 도달하는데, 여기에 현재의 베트남 남부와 캄보디아에 걸친 지역을 무대로 성장하던 고대 항시 국가 푸난이 있었다. 한자로 부남扶南이라 부르는 이 국가는 우리의 삼국시대와 공존했다.

푸난의 수도인 앙코르 보레이는 현재 캄보디아에, 대표 항시였던 옥 에오는 베트남에 있다. 많은 서양 학자들은 옥 에오 발굴에 뛰어들었는데 그 결과 로마 황제의 얼굴이 찍힌 금화와 인도, 중국의 유물을 발견했다. 3세기에 전성기를 맞이했던 푸난이 해상왕국으로 활동하며 인도와 동북아시아는 더 가까워졌던 것이다.

한편 512년 백제와 푸난이 동시에 중국 남조 양나라에 사신을 파견했다. 543년에는 백제 성왕이 푸난의 물건과 사람들을 일본에 팔았으며, 바로 다음 해에는 인도산으로 추정되는 양탄자를 동남아에서 구해 일본에 넘겼다. 백제가 동남아시아와 동북아시아를 연결하는 중계무역을 담당했던 것이다. 이는 300년 후에 나타날 장보고의 예고편이라고도 할 수 있다. 최근에는 푸난의 영토 중 캄보디아에 속한 캄퐁 참 지역에서 백제 불상이 발견되기에 이르렀다.

푸난과 백제의 교섭 내용을 밝히기 위해 필자는 2015년 2월, 옥 에오 답사단을 꾸려 베트남으로 향했다. 호찌민에서 차와 배를 번갈아 타며 도달한 옥 에오는 매우 넓은 지역이었다. 그러나 어디에서 무엇을 찾아야 할지 알 수 없었는데, 길을 헤매다가 우연히 호찌민 대학의 고고학 담당 교수를 만났다.

덕분에 일은 술술 풀렸다. 우리가 한국에서 왔으며 한반도에 수입된 수많은 유리구슬의 산지가 옥 에오라는 가설을 입증하는 것이 이번 답사의 목표라고 설명하자, 그녀는 바로 며칠 전 자신이 발견한 유리구슬이 있는 공방으로 우리를 안내해 주었다. 공방의 흔적은 남아있지 않았지만, 소택지에 위치한 바나나 농장에서 우리는 좁쌀만 한 유리구슬 9점을 찾아냈다. 그리고 이 유물들을 한국으로 가져와서 과학적으로 분석한 결과 백제 유적에서 출토되는 유리구슬과 화학적 조성이 같다는 사실을 밝혀냈다. 백제 유적에서 발견한 유리구슬의 원산지가 옥 에오일 거라는 가설에 조금 더 힘이 실렸다.

베트남 측 담당자와 여러 차례 협상을 거듭하고 국내 학계의 협조를 얻은 결과, 2018년 대한문화재연구원과 함께 옥 에오 유적을 공동조사하기로 결정됐다. 그리고 2019년 1월 마침내 첫 삽을 떴다. 한 달 남짓한 단기간의 조사였지만 인도에서 수입한 루비가 박힌 금반지, 어린아이를 화장해서 넣은 뼈단지, 인골의 팔목에 감겨 있던 유리구슬을 수습할 수 있었다. 이 구슬 역시 백제유적에서 출토된 유리구슬과 화학 조성이 같았다. 내친김에 옥 에오 유물의 국내 전시를 추진했는데, 일이 잘 풀려 한성백제박물관과 목포해양유물전시관이 공동 주최로, 서울과 목포에서 순회 전시를 열었다. 꿈도 꾸지 못했던 옥 에오 발굴과 전시는 현실이 되었다.

말레이 반도까지 이어진 백제의 교류사

마지막으로 소개할 곳은 말레이반도의 항시 국가인 랑카수카이다. 이 나라는 양나라의 역사서인 『양서』에 등장하며, 양나라의 천재 화가인 소역(훗날 원제로 등극함)이 형주

자사로 재직할 당시에 그린 『양직공도』라는 그림책에도 백제 사신과 함께 등장한다. 『양직공도』는 양나라에 파견된 세계 각지의 외교 사절단을 그리고 그 나라에 관해 설명을 붙인 책인데, 백제 외에 고구려, 신라, 왜, 페르시아 등의 사신도 등장한다. 그렇다면 백제와 랑카수카의 사절단은 서로를 알고 있었을까?

필자의 소박한 의문은 이렇게 시작됐다. 그러나 참파나 푸난과는 비교할 수 없을 정도로 랑카수카에 대한 정보를 얻을 수가 없었다. 랑카수카와 백제가 교류했을 것이라는 가설을 세우고 무작정 말레이반도를 찾아갔다. 옥 에오를 처음 방문한 지 정확히 1년이 지난 2016년 2월이었다.

좁고 긴 말레이반도는 인도에서 벵골만을 거쳐 베트남으로 가기 위해 반드시 거쳐야 하는 길목에 있다. 지금은 싱가포르와 믈라카를 경유하는 항로를 이용하지만, 고대에는 물류 비용을 절감하기 위해 반도의 동서 폭이 매우 좁은 끄라 지협을 육상교통편으로 횡단했다. 그 결과 말레이반도의 동편과 서편에는 여러 항시가 발전했고 육로로 이 항시들을 연결하는 방식의 교통망이 발전했다. 필자는 랑카수카도 반도의 동서 항시를 연결하는 항시 국가였음을 나중에야 알았다.

조사단은 우여곡절 끝에 크다^{Kedah} 지역에 도착했고, 근래 말레이시아 고고학의 최대 성과로 평가받는 숭아이 바투^{Sungai Batu} 유적을 방문했다. 여기에서 처음 만난 30대 여성에게 나는 다짜고짜 "우리는 한국에서 왔으며 이곳에서 생산한 유리구슬이 한반도로 유통되었다는 가설을 검증하는 것이 우리의 목적"이라 설명했다. 그러자 그 여성은 자신이 말레이시아 공과대학에서 고고학, 특히 유리구슬을 전공하는 학자라고 소개했다. 또 한 번 행운을 얻은 것이다.

숭아이 바투 유적에서는 선착장은 물론 동남아시아에서 가장 오래된 종교시설과 철기를 제작하던 시설이 발견되었다. 중국 청자, 이슬람 도자기, 유리 용기 등도 많았다. 그중에서도 나의 관심을 끌었던 것은 육지화한 연안에 난파된 채 발견된 수십 척의 침몰선이었다. 유적의 범위가 너무 넓어서 외국 조사단의 적극적인 참여를 바라는 눈치였지만 나의 능력으로는 더 이상 해외 조사를 벌일 수 없었다. 아쉽게 귀국한 뒤 국내 여러 연구자에게 기회가 있을 때마다 숭아이 바투 유적 조사를 권유했지만 돌아오는 반응은 긍정적이지 않았다. 신기루를 보고 온 사람을 대하

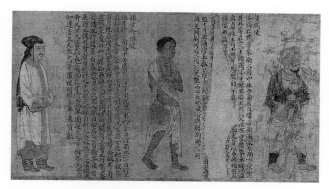
양나라 원제의 『양직공도』에 나타난 랑카수카의 사신

는 듯 나를 보는 사람도 있었다. 그러나 나는 여전히 가까운 미래에 대한민국과 말레이시아 공동조사단이 숭아이 바투의 침몰선을 발굴조사하기를, 또 백제와 랑카수카가 교섭했음을 증명하는 결정적 자료가 등장하기를 바라고 있다.

우리를 위한 인류 공동의 역사 연구

지금까지 소개한 유적들은 모두 우리 역사와 관련성을 갖기에 당연히 한국인 연구자들의 연구 대상이 된다. 그런데 우리는 언제까지 우리 역사와 직접 관련성이 있는 것들만 연구해야 할까? 우리와는 무관하더라도 인류 공동의 문화유산을 연구하고 보존하는 데 뛰어든다면 국고 낭비가 아니지 않을까?

이제 대한민국도 민족사를 넘어 세계사 연구에 공헌할 때가 되었다. 그래서 욕심을 내 참여한 것이 2018년부터 시작한 시베리아 남부의 거대 왕릉인 쿠르간 조사다. 몽골과 러시아, 카자흐스탄과 중국이 만나는 알타이 지역 동편에는 러시아에 속한 투바 공화국이 있고, 여기에 세계적으로 유명한 아르잔 유적이 있다. 이 유적이 유명해진 것은 1호분과 2호분, 단 두 기의 쿠르간을 조사하면서부터이다. 특히 아르잔 2호분은 러시아와 독일 연구팀이 공동 조사한 것으로, 세계사 서술을 바꿀만한 위대한 발견을 이뤄냈다. 기원전 6세기 무렵 흑해 연안에서 발생한 스키타이 문화가 점차 동으로 퍼졌다는 기존의 정설을 뒤집은 것이다. 기원전 9~8세기에 이미 스키타이 문화는 아르잔에서 발생했으며 점차 서쪽으로 퍼져나간 사실이 입증되었다.

그리고 우리가 참여한 조사는 러시아팀의 세 번째 프로젝트로서, 칭게 테이 쿠르간을 새로 조사하는 것이었다. 나는 서울대학교 고고미술사학과 김종일 교수, 용인대학교

하늘에서 본 칭게 테이 쿠르간(추구노프 박사 제공)

문화재학과 김길식 교수와 함께 팀을 꾸려 러시아 에르미타주박물관 조사팀과 공동으로 스키타이족의 쿠르간 조사에 뛰어들었다.

인적이 드문 초원에서 생활할 때 가장 참기 어려운 것은 불편한 텐트 생활, 화장실, 음식도 아닌 피를 빨아먹는 모기의 존재였다. 심하면 하루 200방 정도 모기 침에 물릴 정도이니, 얼굴이 온전할 새가 없었다. 그러나 즐거운 일도 많았다. 한국인 최초로 스키타이 유적을 조사한다는 사명감에 부풀어 하루의 고된 일과를 마치면, 개울물을 끓인 온수로 사우나를 즐기면서 피로를 풀었다. 비록 식감이 거칠고 양이 부족하더라도 저녁 식사를 하며 러시아 친구들과 보드카 몇 잔을 마신다. 아마추어라도 수준급 실력을 갖춘 러시아 아저씨의 아코디언 연주를 들을 수도 있고, 운 좋은 날에는 한국에서는 좀처럼 볼 수 없는 아름다운 무지개를 감상할 수도 있다.

비록 한국사와 직접적인 관련성이 없더라도 세계사적으로 중요한 유적이라면 조사와 보존에 뛰어들어야 한다. 민족사를 넘어서서 인류 공동의 역사 연구에 앞장서는 대한민국이 되어야 진정한 선진국이라 할 수 있겠다. 이런 내일을 앞당기기 위해 젊은 연구자들이 지금도 현장에서 땀 흘리고 있음을 밝히며, 그들이 진심으로 자랑스럽다. 그들은 우리의 미래다.

발해는 고구려의 지배층이 세운 나라기에 고구려를 계승했다고 말한다. 최근 일본 천황이 백제의 후손이라는 이야기를 했는데, 그렇다면 백제가 일본의 종주국이라고 볼 수 있는가?

간단한 문제가 아니다. 발해의 경우 하나의 국가 체제 안에 고구려족과 말갈족 등 복수의 종족이 존재했다. 그런데 말갈족의 비율이 높았다고 해서 발해를 말갈족 국가로 보는 견해를 주장한다면 어떨까? 당연히 문제가 될 것이다. 마찬가지로 발해의 지배층이 고구려계였으므로 고구려 계승국이라고 하는 견해에도 문제는 있다. 남북 국시대라는 용어는 단순히 종족의 비율을 가지고 나온 개념이 아니다.

백제와 왜의 관계도 마찬가지이다. 일본 열도에 수많은 백제계 주민들이 이주한 건 사실이지만, 그중에는 가야계와 신라계 주민들도 섞여 있었다. 일본을 백제의 분국이라고 쉽게 치부할 수 없는 이유는 한반도계 주민이 이주하기 이전부터 이미 적지 않은 원주민들이 살고 있었기 때문이다. 무주공산 상태의 일본 열도에 백제인이 진출한 것은 아니다.

8세기 일본 왕실에 백제계 여인들이 많았던 것은 사실이다. 하지만 이 사실을 침소봉대해서 '일본 왕실에 사는 사람들은 모두 백제계였다'고 주장한다면 고려의 역사 해석에도 문제가 생길 수 있다. 고려 후기 왕 중 이름에 '충'자가 붙는 이들은 대개 어머니와 부인이 몽골 공주였다. 앞선 논리를 따르게 되면 몽골이 고려가 자기들의 역사라고 주장해도 이를 비판하기 어려워진다.

또 하나 짚고 넘어갈 점은 이런 논리가 우리 근대의 아픈 기억인 일선동조론을 닮아 있다는 것이다. 우리로서는 일본이 백제의 속국이라고 이야기하고 싶지만, 반대로 일본이 침략한 명분을 줄 수도 있다. 일본 왕실이 기마민족이라는 일본 학계 일각의 주장에 환호하는 분들도 있으나 그 주장의 핵심은 기마민족인 왜 왕실이 가야지역에 연고권을 갖고 있었고 그 권리를 실현하기 위해 한반도 남부를 지배했다는 논리이다. 양날의 검인 셈이다.

일반인들도 발굴작업에 참여할 수 있는지 알고 싶다. 혹은 체험해 볼 수 있는 프로그램이 있다면 소개해 달라.

초등학교 5, 6학년들에게 한 시간 정도 발굴조사 실습의 기회를 준 적이 있다. 장갑을 끼고 호미를 들고 땅을 헤집으며 즐거워하던 아이들의 모습이 지금도 눈에 선하다. 물론 고된(?) 작업 뒤 맛있는 음료를 제공하기로 해 더 즐거워했을지도 모를 일이다.

성인 중에도 발굴조사에 참여하기를 원하는 분들이 간혹 있다. 앞에서 소개한 아르잔 유적 조사에는 고고학과 전혀 무관한 내 초등학교 친구가 동행했다. 이 경험을 토대로 앞으로는 뜻이 있는 젊은이들을 모집해 초원에서, 오아시스에서, 또 밀림에서 진행하는 발굴작업에 참여시키는 프로그램을 만들 계획이다. 다만 그에 앞서 이런 일을 진행할 기구나 조직이 먼저 만들어져야 한다.

한편 연천의 전곡선사박물관에서는 어린이들을 대상으로 한 발굴체험 프로그램을 제공하고 있다. 성인은 각종 기관의 자원봉사로 참여할 수 있는데, 유물 정리 작업에 참여한다면 뜻깊은 경험을 누릴 수 있을 것이다. 기회가 되면 박물관의 전문가들과 해외 답사도 갈 수 있고, 발굴조사에도 참여할 수 있다. 보통 역사를 어렵고 딱딱하다고 생각하는 경우가 많은데, 이처럼 재밌고 알차게 역사를 공부하고 더 나아가 체험할 수 있는 프로 그램이 많다는 점을 다시 한번 강조하고 싶다. 의지가 있다면 누구에게나 길은 열려 있다.

나가는 글
세계로 나아가는 한국 고대사를 꿈꾸며

까마득히 먼 과거의 역사를 공부하겠다는 막연한 생각은 초등학교 3학년 때 우연히 시작되었다. 하지만 그때는 인터넷도 없었고, 궁금증을 풀어줄 선배도 없던 시절이었다. 막연히 고대사를 공부하겠다고 마음먹고 중학교와 고등학교 시절을 보내면서도 그 결심은 변함이 없었다. 대학 입시에서 인문대학을 택한 것도 고대사를 공부하기 위해서였다. 1년간의 공통과정을 거치고 전공을 정할 때 잠시 망설인 것은 '국사학과냐, 고고학과냐' 선택의 문제뿐이었다. 인류의 진화 과정을 공부하려면 국사학도 고고학도 아닌 인류학을 선택했어야 한다는 단순한 사실을 안 것은 한참 후의 일이었다.

애초에 인류의 진화에 관심을 가지고 국사학과를 선택했으니 자연스럽게 '한민족의 기원'이란 주제에 관심을 갖게 되었다. 중국이라는 거대한 용광로를 옆에 두고도 5000만 명에 달하는 민족 구성원이 동화되지 않고 버텨 온 자랑스러운 역사를 연구하겠다고 나름의 연구 목표도 세워보았다. 학부 시절을 보낸 1980년대 전반은 정치적으로 억압된 분위기 속에서 과거의 영광스러운 역사를 찬미하는 풍조가 강하게 대두되던 시기였다. 권력을 잡은 집단이나 여기에 저항하던 집단이나 모두 민족주의를 내세웠으니 '민족주의 역사학'은 지고지선의 가치를 갖고 있었다. 자연스럽게 민족주의를 부르짖는 이른바 재야사학자들의 주장에 귀를 기울였고, 『환단고기』라는 책에도 관심을 가졌다. 2학년 1학기 전공 수업인 〈한국고대사 I〉에서는 재야사학자들의 주장에 잔뜩 경도된 레포트를 제출했는데, 담당인 노태돈 교수님은 의외로 A 학점을 주셨다.

종교학, 언어학, 고고학, 인류학, 사회학 과목을 헤매면서 한민족의 기원을 공부하려고 했으나 대부분 불만족스러웠다. 오직 고고학만이 해답을 줄 것 같았다. 유적과 유물을 통해 민족의 기원을 찾을 수 있겠다는 희망으로 고고학을 부전공으로 택했다. 그후 지금까지 고대사와 고고학이라는 두 마리의 토끼를 잡는 연구 생활을 이어오게 되었다.

공부를 할수록 민족의 기원이라는 주제 자체가 해결 불가능한 것이란 생각을 하게 됐다. 사료적 가치를 의심받는 문헌을 재료로 짓는 집이 사상누각이란 것도 깨달았다. 21세기에 접어들어 우리 사회 구성원의 인종적 스펙트럼이 확대되는 모습을 보면서 민족주의 역사학의 역기능에 대해서도 생각하게 됐다. 한민족의 순수함과 우월함을 부르짖는 한편에선 차별로 소외되어 가는 이웃이 있음을 알게 되었기 때문이다. '우리 민족 제일주의'에 입각한 우리의 고대사 연구가 지나친 민족주의적 편향으로 인해 세계학계의 우스갯거리가 되어가고 있음도 알게 됐다.

눈부신 과학의 발달은 모든 학문 분야에 변화를 강요하고 있다. 역사학도 예외는 아니어서 다양한 주제와 방법론에 대한 논의가 이루어지고 있다. 그럼에도 불구하고 급변하는 세태와 담쌓고 과거의 주제와 방법론이 여전히 주류를 이루고 있는 분야가 한국 고대사다. 필자 또한 이러한 현상에 대한 책임에서 벗어날 수 없음을 고백한다.

우리의 후속 세대는 달라져야 한다. 한국이라는 좁은 틀을 벗어나서 외국의 연구자들과 세계사적인 주제를 가지고 당당히 토론해야 한다. 한민족의 순수성과 위대함을 강변하는 시대착오적인 주장이 아니라, 역사적 존재로서의 코리안이 형성되면서 영향을 주고받은 주변의 다양한 집단에 대한 깊은 통찰력이 필요하다. 과거에 대한 지식의 단순 집적을 넘어서 대한민국의 미래를 설계하는 논의의 장에서도 제 역할을 다해야 한다.

부끄럽게도 필자는 이러한 임무를 맡기에는 능력이 부족하다. 단지 이런 임무를 맡을 수 있는 후학을 양성해야 한다는 책임감을 절감하고 있을 뿐이다. 그리고 역사를 전공하지 않은 시민 대중들에게도, 한국 고대사 연구가 장차 어떤 방향으로 가야 하는지에 대해 알려드려야 할 책무가 있다. 이 작은 서적은 그 목적으로 작성된 것이다. 아무쪼록 한국 고대사 연구가 새로운 궤도에 접어들어 시민 대중들에게도 사랑받는 모습을 꿈꿔 본다.

참고문헌

1. 강희정 엮음, 『해상 실크로드와 문명의 교류』, 사회평론아카데미, 2019.

2. 국립경주문화재연구소·국립경주박물관, 『신라 왕궁 월성』, 2018.

3. 국립경주문화재연구소·한성백제박물관, 『한성에서 만나는 신라 월성』, 2019.

4. 국립경주박물관, 『신라, 서아시아를 만나다』, 2008.

5. 국립경주박물관, 『우물에 빠진 통일신라 동물들』, 2011.

6. 국립공주박물관, 『무령왕릉 출토유물 분석 보고서(2)』, 국립공주박물관 연구총서 18, 2006.

7. 국립공주박물관, 『무령왕릉을 格物하다』, 국립공주박물관·공주시, 2011.

8. 국립김해박물관, 『뼈? 뼈! 고인골, 개인의 삶에서 시대의 문화를 읽다』, 2015.

9. 국립부여문화재연구소, 『익산 쌍릉 – 대왕릉 출토 인골 종합학술연구보고서』, 2019.

10. 국립부여박물관,『백제 중흥을 꿈꾸다 능산리사지』, 2010.

11. 국립부여박물관,『하늘에 올리는 염원, 백제 금동대향로』, 2013.

12. 국립중앙박물관,『황금인간의 땅, 카자흐스탄』, 2018.

13. 국립중앙박물관,『가야본성, 칼』, 2019.

14. 권오영,『고대 동아시아 문명 교류사의 빛, 무령왕릉』, 돌베개, 2005.

15. 권오영,『해상 실크로드와 동아시아 고대국가』, 세창출판사, 2019.

16. 권오영 외,『한국 전통시대의 토목문명』, 들녘, 2019.

17. 노태돈교수 정년기념논총간행위원회 엮음,『한국 고대사 연구의 시각과 방법』, 사계절, 2014.

18. 복천박물관,『履 고대인의 신』, 2010.

19. 장준희,『문명의 실크로드를 걷다』, 청아출판사, 2012.

20. 정수일,『초원 실크로드를 가다』, 창비, 2010.

21. 중앙문화재연구원,『북방고고학개론』, 진인진, 2018.

22. 한국고대사학회 편,『우리시대의 한국 고대사 1』, 주류성, 2017.

23. 한국고대사학회 편,『우리시대의 한국 고대사 2』, 주류성, 2017.

24. 한성백제박물관·국립해양문화재연구소,『베트남 옥 에오 문화』, 2019.

25. 한성백제박물관,『고구려와 한강』, 2020.

KI신서 9299

삼국시대,
진실과 반전의 역사

1판 1쇄 발행 2020년 8월 28일
1판 5쇄 발행 2024년 4월 29일

지은이 권오영
펴낸이 김영곤
펴낸곳 ㈜북이십일 21세기북스

서가명강팀장 강지은 **서가명강팀** 박강민 서윤아
디자인 THIS-COVER
사진 저자사진 오세윤 **본문사진** 저자 제공 및 문화재청(제1유형)
출판마케팅영업본부장 한충희
마케팅2팀 나은경 정유진 백다희 이민재
출판영업팀 최명열 김다운 김도연 권채영
제작팀 이영민 권경민

출판등록 2000년 5월 6일 제406-2003-061호
주소 (10881)경기도 파주시 회동길 201(문발동)
대표전화 031-955-2100 **팩스** 031-955-2151 **이메일** book21@book21.co.kr

(주)북이십일 경계를 허무는 콘텐츠 리더

21세기북스 채널에서 도서 정보와 다양한 영상자료, 이벤트를 만나세요!
페이스북 facebook.com/jiinpill21   포스트 post.naver.com/21c_editors
인스타그램 instagram.com/jiinpill21   홈페이지 www.book21.com
유튜브 youtube.com/book21pub
서울대 가지 않아도 들을 수 있는 **명강**의! 〈서가명강〉
유튜브, 네이버, 팟캐스트에서 '서가명강'을 검색해보세요!

ⓒ 권오영, 2020

ISBN 978-89-509-8984-2 04300
        978-89-509-7942-3 (세트)